现代企业管理系列教材同步综合练习

客户服务管理
同步综合练习

主　编　曹宗平
副主编　王　鸣

科学出版社
北京

内 容 简 介

本书是为了配套现代企业管理系列教材《客户服务管理》而编写的教学练习册。编写的目的是为了帮助读者总结和巩固客户服务管理的课程知识，提高读者的应试能力。全书依据客户服务管理考试大纲、按最新体例分章节进行编写，并编写多套全真模拟演练题，便于读者自测知识掌握情况，更加扎实地掌握学习内容。

本书可作为广东省高等教育自学考试"客户服务管理"配套用书，也可作为普通高等院校经济管理类专业学生的学习参考书。

图书在版编目(CIP)数据

客户服务管理同步综合练习 / 曹宗平主编. —北京：科学出版社，2014.8
现代企业管理系列教材同步综合练习
ISBN 978-7-03-041574-5

Ⅰ.①客… Ⅱ.①曹… Ⅲ.①企业管理-销售服务-习题集 Ⅳ.①F274-44

中国版本图书馆 CIP 数据核字（2014）第 180573 号

责任编辑：张　宁 / 责任校对：张怡君
责任印制：赵　博 / 封面设计：蓝正设计

科 学 出 版 社 出版
北京东黄城根北街 16 号
邮政编码：100717
http://www.sciencep.com

固安县铭成印刷有限公司 印刷
科学出版社发行　各地新华书店经销

*

2014 年 8 月第 一 版　　开本：787×1092　1/16
2024 年 2 月第九次印刷　　印张：11
字数：257 000

定价：38.00 元

（如有印装质量问题，我社负责调换）

编写说明

本书是为了配套现代企业管理系列教材《客户服务管理》而编写的教学练习册。客户服务管理（课程代码10421）作为广东省高等教育自学考试现代企业管理（本科）专业必考的专业课，是为了培养和检验自学应考者的客户服务管理的基本理论、基本知识和基本技能而设置的一门基础课。本门课程所使用的教材为曹宗平主编、科学出版社2011年6月出版的《客户服务管理》。

编写依据：

1. 广东省高等教育自学考试指导委员会颁布的《客户服务管理自学考试大纲》；

2. 广东省高等教育自学考试指导委员会指定教材《客户服务管理》（科学出版社，曹宗平主编）。

本书的特点：

1. 以考试大纲规定的考试内容、考核知识点和考核要求为线索，按最新体例分章节进行编写。每章均列有考核内容，并将每一章节可能出现的考核知识按考试题型编写练习题，以便考生扎实、准确地掌握本章内容。

2. 本书含多套全真模拟演练题，贴近全真试题，命题科学，解答准确，便于考生模拟考试、自测知识掌握情况。

书中难免有不足和纰漏，恳请读者批评指正。

《客户服务管理》编写小组

2014.5

目录 Contents

第1章　客户服务概述 …………… 1
- 考核内容 …………………………… 1
- 重点和难点 ………………………… 4
- 同步综合练习题 …………………… 5
- 参考答案 …………………………… 8

第2章　客户服务理念 …………… 11
- 考核内容 …………………………… 11
- 重点和难点 ………………………… 14
- 同步综合练习题 …………………… 15
- 参考答案 …………………………… 19

第3章　客户服务技巧 …………… 22
- 考核内容 …………………………… 22
- 重点和难点 ………………………… 25
- 同步综合练习题 …………………… 26
- 参考答案 …………………………… 31

第4章　客户服务质量管理 ……… 34
- 考核内容 …………………………… 34
- 重点和难点 ………………………… 36
- 同步综合练习题 …………………… 37
- 参考答案 …………………………… 40

第5章　大客户服务管理 ………… 44
- 考核内容 …………………………… 44
- 重点和难点 ………………………… 48
- 同步综合练习题 …………………… 49
- 参考答案 …………………………… 53

第6章　客户服务关系管理 ……… 56
- 考核内容 …………………………… 56
- 重点和难点 ………………………… 61
- 同步综合练习题 …………………… 62
- 参考答案 …………………………… 66

第7章　客户服务培训 …………… 69
- 考核内容 …………………………… 69
- 重点和难点 ………………………… 72
- 同步综合练习题 …………………… 73
- 参考答案 …………………………… 78

第8章　客户服务中心 …………… 80
- 考核内容 …………………………… 80
- 重点和难点 ………………………… 83
- 同步综合练习题 …………………… 84
- 参考答案 …………………………… 90

第9章　客户服务中的公关专题活动 … 92
- 考核内容 …………………………… 92
- 重点和难点 ………………………… 97
- 同步综合练习题 …………………… 98
- 参考答案 …………………………… 104

第10章　客户投诉与投诉处理 …… 106
- 考核内容 …………………………… 106
- 重点和难点 ………………………… 109
- 同步综合练习题 …………………… 110
- 参考答案 …………………………… 113

全真模拟演练（一） ……………… 117
全真模拟演练（二） ……………… 123
全真模拟演练（三） ……………… 129
全真模拟演练（四） ……………… 135
全真模拟演练（五） ……………… 141
全真模拟演练（六） ……………… 148
全真模拟演练（七） ……………… 156
全真模拟演练（八） ……………… 163

第1章 客户服务概述

考核内容

识记：服务及客户服务的基本概念。

领会：客户服务的基本特点，客户服务的主体、客体，以及客户服务的目标。

应用：客户服务的标准及对客户服务重要性的认识。

一、客户服务基础

(一) 服务与客户服务

1. 服务的含义

对于社会组织而言,服务就是为其他组织或个人的某种利益或需要提供支持和帮助。社会组织分为两大类,即经济组织和非经济组织。社会组织性质不同,对外提供服务的性质也存在差异。

2. 客户服务

所谓客户服务是指企业通过其员工提供产品和服务以满足客户需要的行为。
(1) 客户服务的演变。
(2) 客户服务的两个组成部分:外部客户服务和内部客户服务。

(二) 客户服务的特点

(1) 客户服务目的的层次性。
(2) 客户服务的系统性。
(3) 客户服务的及时性。
(4) 客户服务的多样性。
(5) 客户服务的变革性。

(三) 客户和客户服务的重要性

(1) 客户对企业的重要性。
(2) 客户服务对企业的重要性。

二、客户服务的内容

(一) 客户服务的提供者

1. 企业

(1) 企业的定义。企业是在生产、流通等经济活动中,为满足社会需要并获取盈利,进行自主经营,实行独立经济核算的基本经济单位。公司作为企业的重要组成部分,还具有法人地位,亦称为法人制企业。
(2) 企业的特征:经济性、社会性、商品性、竞争性、营利性和协同性。
(3) 企业的作用。
(4) 企业的任务。

2. 对企业提供服务的要求

(1) 对资产运作的要求。
(2) 总体性要求。
(3) 客户服务计划和战略。

(4) 正视客户服务的重要性。

（二）客户服务的实施

1. 客户服务行为

(1) 客户服务行为的含义：客户服务行为是指企业通过其员工提供产品和服务，以满足客户需要的行为。

(2) 客户服务行为的性质。

2. 客户服务员工

(1) 客户服务员工的范围。

(2) 客户服务员工的组成。

(3) 客户服务员工的作用。

3. 客户服务代理

(1) 客户服务代理的含义。

(2) 客户服务代理的作用。

(3) 客户服务代理的分类。

4. 客户服务实施的管理

(1) 任务管理。

(2) 员工管理。

（三）客户服务的载体

1. 服务产品

(1) 客户服务中的产品条件。

(2) 服务产品在客户服务中的作用。

2. 产品服务

(1) 产品服务的划分。

(2) 产品服务的作用。

（四）客户服务的目标

(1) 对客户服务目标的理解。

(2) 对满足客户需要的目标描述与要求。

(3) 关于"客户需要"和"客户需要的满足"。

（五）客户服务的接受者

(1) 客户范围的一般性描述。

(2) 客户的构成。

(3) 客户一般分类：从营销、管理、交易进展情况与产品和服务的关系以及交易情况等角度进行分类。

三、客户服务的核心与准则

(一) 客户服务的核心要点

(二) 客户服务的精髓

(三) 客户服务的标准

重点和难点

本章应掌握的主要知识点包括：(1) 了解客户服务的特点；(2) 了解客户服务的载体；(3) 掌握客户服务的目标；(4) 掌握客户服务的核心及其服务准则。

同步综合练习题

一、单项选择题

1. 从本质上讲，企业是一种（　　）。
   A. 经济组织　　B. 政治组织　　C. 非营利组织　　D. 社会组织
2. 企业为社会组织或个人提供的客户服务是（　　）。
   A. 客户服务　　　　　　　　B. 外部客户服务
   C. 内部客户服务　　　　　　D. 企业整体服务
3. 下列哪种方式借助第三方对公众公开说明服务标的物的性能、特点和效用？它既是推广，也是承诺。（　　）
   A. 专业介绍　　B. 专家坐堂　　C. 媒体广告　　D. 热线咨询
4. 以下哪种是围绕产品和服务的相关问题，进行面对面的双向沟通？（　　）
   A. 媒体广告　　B. 知识讲座　　C. 专家坐堂　　D. 热线咨询
5. 企业经营的重心是（　　）。
   A. 满足需求　　B. 获取利润　　C. 员工满意　　D. 开展客户服务
6. 企业通过对部门的职权及其内部岗位的职责规定，而规定某一部门对服务业务进行代理，这种代理属于（　　）。
   A. 指定代理　　　　　　　　B. 法定代理
   C. 委托代理　　　　　　　　D. 意定代理
7. 客户服务实施的管理包括任务管理和（　　）。
   A. 归口管理　　　　　　　　B. 代理管理
   C. 员工管理　　　　　　　　D. 价值管理
8. 完成客户服务任务的最主要因素是（　　）。
   A. 资本　　　　　　　　　　B. 企业能力
   C. 员工　　　　　　　　　　D. 产品
9. 就需求而言，客户需要的主导者是（　　）。
   A. 企业　　B. 客户　　C. 政府　　D. 零售商
10. 某一目标市场的一般客户的一般需要是（　　）。
    A. 既定的需要　　　　　　　B. 增长的需要
    C. 特定客户需要　　　　　　D. 不特定人需要

二、多项选择题

1. 客户服务的认识和发展阶段包括（　　）。
   A. 客户服务是售后服务　　　　B. 客户服务是产品服务
   C. 客户服务是附加服务　　　　D. 客户服务是低成本服务
   E. 客户服务是提供产品和服务以能满足客户需要的行为
2. 客户服务的特点包括（　　）。
   A. 目的的层次性　　　　　　B. 系统性

C. 及时性 D. 多样性
E. 变革性

3. 客户服务变革的方法有（　　）。
   A. 改善 B. 降低成本
   C. 培训 D. 创新
   E. 疏导关系

4. 客户服务行为的性质主要包括（　　）。
   A. 反映企业的意思 B. 肩负着企业的使命
   C. 提升客户价值 D. 体现企业的利益
   E. 由企业承担行为后果

5. 员工管理的内容主要包括（　　）。
   A. 任务管理 B. 归口管理
   C. 代理管理 D. 员工关系管理
   E. 员工价值管理

6. 产品服务按内容划分，可分为（　　）。
   A. 产品知识服务 B. 产品使用服务
   C. 交易手续服务 D. 维修保养服务
   E. 法律知识服务

7. 产品服务按阶段性划分，可以分为（　　）。
   A. 售前服务 B. 售中服务
   C. 售后服务 D. 延续服务
   E. 维修保养服务

8. 一般而言，满足客户需要的战略管理包括（　　）。
   A. 预测需要 B. 锁定满足需要的范围
   C. 增加服务 D. 扩大满足需要的范围
   E. 立足于满足不断增长的需要

9. 从管理角度看，客户可以划分为（　　）。
   A. 经济型客户 B. 关键客户
   C. 一般客户 D. 一次性客户
   E. 道德型客户

10. 按交易情况，客户可划分为（　　）。
    A. 常规客户 B. 临时客户
    C. 一般客户 D. 现实客户
    E. 潜在客户

三、名词解释

客户服务　　　　　企业　　　客户服务代理
客户服务的载体　　产品服务

四、简答题

1. 简述客户服务员工的作用。
2. 简述客户服务中的产品条件。
3. 简述服务产品在客户服务中的作用。
4. 简述对客户服务目标的理解。
5. 简述客户服务的核心要点。
6. 简述客户服务的标准。

五、论述题

试述客户服务对企业的重要性。

六、案例分析题

学习迪士尼的客户服务之道

——沟通交流专家卡米恩·加罗的亲身体验

刚刚从地球上最快乐的乐园回来,我却心情不好。我不是为迪士尼乐园恼火,他们一如既往地不错,让我的家人享受了一次非常奇妙的旅程。我气恼的是其他面向顾客的商人和企业,他们连最简单的提高客户满意度的事都做不到。

读者务必理解,作为一名沟通交流专家,我在迪士尼乐园的体验迥异于一般游客。我会追寻那些让顾客感到满意的特别之处。我会聆听迪士尼员工与游客的对话。我很欣赏迪士尼向其员工提供的高水平客户体验培训。在过去的几年里,我同迪士尼公司和迪士尼学院的领导者有过几次交谈。以下是迪士尼乐园每日必做的、旨在改善沟通和客户服务体验的三件事。

1. 保持整洁,准备就绪

大多数来到迪士尼乐园的游客都注意游乐设施去了,而我则低头看着地面。迪士尼乐园成功地避免让一些东西出现在游客眼前,例如、包装纸、口香糖,或是撒落的爆米花等。成千上万的游客走过迪士尼大道,但它却仍然一尘不染,这一直令我感到很惊讶。保洁员晚上将街道清洁干净,这样第二天一早一切都能"整洁如初,准备就绪"。白天,保洁员也在努力工作,不断地清洗、打扫和捡拾垃圾。迪士尼也培训经理和员工——乐园整洁,人人有责。

我办公地点附近有一家餐厅,食物不错,员工也友好。但是,这家餐厅并未"准备就绪"。事实上,这里的员工就在离厨房几步之遥的大厦外吸烟。那一片的停车场地上散落着烟头,有时还有废弃的空烟盒。我不在那儿就餐,因为那儿根本不吸引人。听说餐厅老板抱怨效益不好,我想告诉他,不是效益不好,是你的问题,你根本不关心形象。

2. 让每位客户都感觉到被重视

迪士尼培训教导员工"积极友好"。迪士尼鼓励团队成员主动寻求同客人的接触。例如,有个人看上去有些迷茫,迪士尼员工会主动上前提供帮助,而不是等那个人过来找他们问路。

我带着妻子和两个女儿在迪士尼游玩时,我们正寻思着由谁来拍照,这时有一位迪士尼员工发现了,他对我们说道:"我很乐意为你们拍照。"这就是积极友好。

迪士尼还会向首次前来游玩或过生日的游客发送徽章。徽章上显示有游客的名字,迪士尼教导员工要以徽章上的名字称呼游客。为了看看这种做法是否管用,当一位戴着生日徽章的女士买汉堡包时,我进行了观察。果然,她刚刚走近点餐窗口,一位友好的员工就对她说道:"生日快乐,戴安娜!你想要点什么?"这就是积极友好。

3. 提供沟通培训

迪士尼乐园的每位团队成员都被训练为有效的沟通者。例如,迪士尼乐园的每样东西都准时运行——游乐设施、表演道具以及列车等。如果列车离站时晚点了一秒钟,售票员就会用扬声器向游客解释晚点的原因,以及会晚点多长时间。迪士尼还培训员工回答常见问题,即使对一些员工来说,这并非其"工作范畴"。我同一位迪士尼乐园的员工交谈时发现,他甚至知道乐园另一边某场表演的时间和时长。其他企业的大多数员工都没有获得沟通方面的培训。就在写这篇文章的那天,我走进两家本地商铺,收银员对店里的常见物品一无所知。他们没有受过这方面的训练。这些收银员所受到的培训就是赚顾客的钱,仅此而已,这与迪士尼的客户服务体验截然相反。

当你抱怨效益不好,做生意很难时,请花点时间检视一下自己做生意的方式。你是否向客户提供了迪士尼式高质量的体验?如果你对此的答案不确定,那么请花150美元买张迪士尼乐园的门票,在这个魔幻王国里进行一天"差旅"。可能这趟"差旅"的花费听起来有些贵,不过你从中获得的回忆和教训将十分宝贵。

资料来源:福布斯中文网站,http://www.forbeschina.com/review/201104/0008868.shtml〔2011-04-19〕.

【问题讨论】

结合本案例,讨论以下两个问题:

1. 客户服务的重要性。
2. 客户服务的核心和准则是什么?

参 考 答 案

一、单项选择题

1. A   2. B   3. C   4. C   5. D
6. A   7. C   8. C   9. B   10. D

二、多项选择题

1. ABE   2. ABCDE   3. AD   4. ABDE   5. BCDE
6. ABCDE   7. ABCD   8. BDE   9. BCD   10. DE

三、名词解释

客户服务:是指企业通过其员工提供产品和服务,以满足客户需要的行为。

企业：是指在生产、流通等经济活动中，为满足社会需要并获取盈利，进行自主经营，实行独立经济核算，具有法人资格的基本经济单位。

客户服务代理：是指客户服务代理人以被代理人的名义，在代理权限内代理客户服务活动的行为。

客户服务的载体：是承载和传递客户服务使命和信息的物与行为，指用于服务的产品和产品的附加服务，即"服务产品＋产品服务"。

产品服务：是围绕着产品的交易和使用而展开的、为客户所需要的服务产品的附加服务。

四、简答题

1. 客户服务员工的作用有：①企业员工通过企业内部的专业化分工与协作关系，形成企业的劳动与工作系统。②企业员工不论身份如何，一旦进入岗位，都是客户服务的主要角色。③企业员工因为岗位、地位、权力、影响力有所不同，为客户服务所做的贡献也有大小，但都是企业客户服务总体不可或缺的一部分。④对于社会、市场、客户而言，与其打交道的企业员工，都是企业的服务代表和企业客户服务的具体执行人。

2. 客户服务中的产品条件有：①"是一个过程的最终结果"。作为劳动产品，它凝聚着劳动者的劳动，具有价值；作为产成品，它能够满足人们的某种需要，即具有实用价值。因此，它能进入流通领域，并被提供用于客户服务。②能够满足客户需要。能够满足客户需要的产品，才够条件用于客户服务。这是对企业经营宗旨的要求，也是满足客户需要的保证。③体现客户的利益要求。④市场上能够经得起竞争考验。就客户而言，能产生价值感，是实际的利益保障。⑤必须满足客户的期望。⑥符合专项法律规定。合法的产品和服务，既保障客户的利益，也保护企业的利益。

3. 服务产品在客户服务中的作用包括：①产品价值是客户价值的第一要素。②品牌对于客户服务的驱动作用。③产品具体体现客户的利益。④服务产品决定产品服务。

4. 客户服务目标是指在一定或约定的时间内，企业客户服务所达到的满足客户需要的结果和成效。对客户服务目标的理解要点主要集中在以下几个方面：①作为一个中心而言，表明企业客户服务活动要以"满足客户需要"为中心而开展。②作为一个标准而言，表明企业客户服务活动要以"客户满意度"为尺度，来衡量客户服务的成效和水平。③作为一个宗旨而言，表明企业客户服务活动要以"满足客户需要"为宗旨，统率企业的客户服务运作过程及其行为。④作为一个使命而言，表明企业客户服务活动要在"满足客户需要"方面尽心尽力。

5. 客户服务的核心要点包括：①具有服务热诚的员工。②进行全面的教育培训。③品质与时效并重。④处处为客户考虑。⑤服务流程的标准化与弹性。⑥对客户的解说与培训。⑦做好绩效评估。⑧营造和谐的气氛。⑨进行持续不断的改善。

6. 客户服务的标准包括：①对客户表示热情、尊重和关注。②帮助客户解决问题。③迅速响应客户需求。④始终以客户为中心。⑤持续提供优质服务。⑥设身处地为客户着想。⑦提供个性化服务。

五、论述题

答题要点：

（1）对企业生存的重要性。在市场经济条件下，企业必须取得客户的订单，或者说取得为客户服务的机会，企业才能开工，经济才能运转，企业才能维持生计，才能生存下来。就此而言，企业客户服务是企业生存的条件。

（2）对企业发展的重要性。"客户服务是企业利润之源"，只有企业提供良好的产品和服务，得到市场和客户的认同，符合客户的需求，才能卖得多而且能卖出好的价钱，企业才能有利润。

总之，良好的客户服务，使企业呈现良性的循环，促使客户满意度提高，激发客户需求的增长，这又给企业提供新的、增量的客户服务机会。这个机会被企业有效地利用，企业就可以获得更丰厚的利润，这又给企业的发展注入新的、更大的动力。归根结底，客户服务是企业发展的动力。

六、案例分析题

结合案例材料并参考教材中的相关内容作答，具体答案从略。

第2章 客户服务理念

 **考核内容**

识记：客户的概念及分类。

领会：客户服务两大基本理念。

应用：根据实际需求，能灵活运用和掌握客户满意经营战略，能区分"满意客户"与"忠诚客户"。

一、认知客户

(一) 客户的定义

(1) 广义：在工作领域任何依赖你的人都可能是你的客户。

(2) 狭义：客户是指那些直接从你的工作中获益的人或组织。

(二) 客户的分类

(1) 按照客户所处的位置划分：①内部客户；②外部客户。

(2) 按照客户所处的时间状态划分：①过去客户；②现在客户；③将来客户。

(3) 按照客户的表现类型划分：①要求型客户；②困惑型客户；③激动型客户。

二、树立正确的客户服务理念

(一) 企业要树立以客户的需求为导向开展客户服务工作的服务理念

1. 客户需求的分类

(1) 从客户需求的形式来看，它表现为潜在需求和明确需求。

(2) 从客户需求的内容来看，它包括以下几个方面：①客户对购买产品或服务便利性的需求；②客户对产品或服务的价格确定过程的了解需求；③客户对产品制造和物流过程透明度的了解需求；④客户对与企业平等接触的需求；⑤客户对及时获得专业信息的需求；⑥客户对选择分销渠道的需求。

2. 了解客户需求的方法

(1) 问卷调查；

(2) 设立意见箱等形式收集信息反馈；

(3) 面谈；

(4) 客户数据库分析；

(5) 模拟购买；

(6) 会见重要客户；

(7) 消费者组织；

(8) 考察竞争者；

(9) 第三方调查。

(二) 企业要牢固树立起为客户服务即为客户创造价值的服务理念

1. 客户价值

客户价值实质上就是指客户总价值与客户总成本之间的差额。

2. 客户价值的构成因素

(1) 价值构成要素：产品价值；服务价值；人员价值；形象价值。

(2) 成本构成要素：货币成本；时间成本；精力成本。

3. 增加客户价值的方法

(1) 强化客户感知；

(2) 提供个性化服务；

(3) 协助客户成功；

(4) 让客户快乐。

三、客户满意经营战略

(一) 客户满意概述

(二) 客户满意状态

(三) 客户满意含义

(四) 客户满意经营战略

(1) 满足客户的现实需要。

(2) 开发客户的潜在需求。

(3) 适应客户需求的变化。

(4) 把握"100－1＝0"的等式原则。

(5) 让客户有宾至如归的感觉。

四、客户满意经营战略引发的思考

(一) 客户信息系统是基础

(1) 不要幻想留住所有客户。

(2) 以真正的顾客为中心。

(3) 不要盲目开发新客户。

(4) 零客户成本即竞争力。

(二) 重视内部客户

(三) 抛弃简单而传统的绩效考核

(四) 推行现场管理

五、打造企业的"忠诚"客户

(一) 客户满意度、忠诚度、保留度和贡献度的概念界定

(1) 客户满意度。

(2) 客户忠诚度。

(3) 客户保留度。

(4) 客户贡献度。

(二) 忠诚的意义

(三) 忠诚客户的竞争效应

(四) "客户满意"与"客户忠诚"的管理

1. 影响客户忠诚度的因素

(1) 客户约束力的影响。

(2) 服务补偿的影响。

2. "忠诚"引发的启示

重点和难点

本章应掌握的主要知识点包括：(1) 掌握客户的含义及类型；(2) 了解如何树立良好的客户服务意识；(3) 了解客户满意的状态、含义及经营战略；(4) 了解客户满意度、忠诚度、保留度和贡献度的界定；(5) 熟悉"客户满意"和"客户忠诚"的管理。

同步综合练习题

一、单项选择题

1. 直接客户属于（　　）。
   A. 内部客户　　　　　　　　B. 外部客户
   C. 水平支援型客户　　　　　D. 小组合作型客户

2. 彼此独立工作，如遇困难则相互帮助，这种客户是（　　）。
   A. 内部客户　　　　　　　　B. 外部客户
   C. 水平支援型客户　　　　　D. 上下源流型客户

3. 把客户划分为要求型客户、困惑型客户和激动型客户三种类型的标准是（　　）。
   A. 按照客户所处的位置　　　B. 按照客户所处的时间状态
   C. 按照客户的表现类型　　　D. 按照客户的个人特征

4. 企业价值实现的前提和基础是（　　）。
   A. 客户价值　　　　　　　　B. 客户需求
   C. 成本结构　　　　　　　　D. 产品性能

5. 常用于了解零售业客户需求的方法是（　　）。
   A. 问卷调查　　　　　　　　B. 面谈
   C. 模拟购买　　　　　　　　D. 第三方调查

6. 客户价值构成的第一要素是（　　）。
   A. 服务价值　　　　　　　　B. 人员价值
   C. 形象价值　　　　　　　　D. 产品价值

7. 客户对企业的最高要求是（　　）。
   A. 要求的一致性　　　　　　B. 产品的适宜性
   C. 品牌的优异性　　　　　　D. 服务的完美性

8. CS 战略最早起源于（　　）。
   A. 美国　　　B. 英国　　　C. 德国　　　D. 日本

9. 培养忠诚客户的最有效方法是（　　）。
   A. 满足客户需求　　　　　　B. 将客户成本降为零
   C. 完善客户服务　　　　　　D. 提升客户价值

10. 客户满意度是指（　　）。
    A. 客户对企业以及企业产品和服务的满意程度
    B. 客户满意后而产生的对某种产品品牌或公司的信赖、维护和希望重复购买的一种心理倾向
    C. 客户在与企业发生初次交易后继续购买该企业产品的程度
    D. 客户对企业利润的贡献程度

二、多项选择题

1. 企业的内部客户包括（　　）。

A. 水平支援型 B. 上下源流型
C. 直接客户型 D. 小组合作型
E. 间接客户型

2. 按照客户所处的时间状态,客户可划分为( )。
   A. 过去客户 B. 现在客户
   C. 将来客户 D. 间接客户
   E. 潜在客户

3. 按照客户的表现类型,客户可划分为( )。
   A. 要求型客户 B. 困惑型客户
   C. 激动型客户 D. 内部客户
   E. 过去客户

4. 价值的构成要素包括( )。
   A. 客户价值 B. 产品价值
   C. 服务价值 D. 人员价值
   E. 形象价值

5. 成本构成要素有( )。
   A. 货币成本 B. 非货币成本
   C. 时间成本 D. 精力成本
   E. 体力成本

6. 增加客户价值的方法有( )。
   A. 强化客户感知 B. 提供个性化服务
   C. 协助客户成功 D. 让客户快乐
   E. 提高顾客忠诚度

7. 强化客户感知的方法有( )。
   A. 要求的一致性 B. 产品的适宜性
   C. 品牌的优异性 D. 服务的完美性
   E. 价格的合理性

8. 满足客户现实需求,需要做好的工作包括( )。
   A. 要着眼于客户的潜在需求经销产品
   B. 按照客户需要经营产品
   C. 要善于改变客户的消费观念,刺激客户的需求欲望
   D. 维护客户利益
   E. 适应客户需求的变化

9. 开发客户的潜在需求,需要做好的工作包括( )。
   A. 要着眼于客户的潜在需求经销产品
   B. 按照客户需要经营产品
   C. 要善于改变客户的消费观念,刺激客户的需求欲望
   D. 维护客户利益
   E. 适应客户需求的变化

10. 服务补偿的效果取决于客户付出的成本，包括(　　)。
   A. 客户自身的投入　　　　B. 客户信息的投入
   C. 客户资金的投入　　　　D. 客户时间的投入
   E. 客户人力的投入

三、名词解释

客户　　　　客户价值　　　　CS战略　　　　客户满意度
客户忠诚度　　客户保留度　　客户贡献度

四、简答题

1. 简述以客户需求的内容为标准，客户需求的分类。
2. 简述增加客户价值的方法。
3. 简述客户满意的含义。
4. 简述客户满意经营战略的内容。
5. 简述影响客户忠诚度的因素。
6. 简述忠诚引发的启示。

五、论述题

1. 试述如何树立正确的客户服务理念。
2. 试述如何根据客户的不同需求设计CS经营战略的原则。

六、案例分析题

如家酒店CIS案例分析

如家连锁酒店集团公司是国内经济型连锁酒店的领军品牌，创立于2002年，作为中国酒店业海外上市第一股，在全国拥有连锁酒店500多家，覆盖100多座主要城市，形成了遥遥领先业内的最大的连锁酒店网络体系。如家能有这样的成绩，其鲜明的企业形象起到了至关重要的作用。本案例将分析如家是怎样通过CIS战略，打造自己独特的企业个性，从而在行业中处于领先地位，并从中寻找CIS运用的可借鉴之处。

2002年，首都旅游集团联手携程旅游服务公司，创建了如家连锁酒店。作为经济型连锁酒店的领军品牌，如家快捷酒店始终以人的感觉为着力点，提供标准化、干净、温馨、舒适、贴心的住宿产品，为海内外的客人提供安心便捷的住宿服务，传递着适度生活的简约生活理念。经过4年多的发展，如家在美国纳斯达克成功上市，成为中国酒店行业海外上市第一股，同时也标志着国内经济性连锁酒店步入了新的发展时代。这些成就在很大程度上得益于如家鲜明的企业形象。

CIS是corporate identity system的英文缩写，即企业形象识别系统，通常人们习惯称其为企业形象识别战略。它是指运用整体传达系统将企业经营理念与精神文化传达给企业周围的关系或者团体，并令其对企业产生一致的认同感和价值观。这里采用日本的CIS定义，即认为完整的CIS包括理念识别（mind identity，MI）、行为识别（behavior identity，BI）、视觉识别（visual identity，VI）。

下文将从这三个方面入手完成本案例的分析。

1. MI

MI 是指理念识别，包括企业的理念精神、座右铭、文化性格、宗旨等，它是企业各种活动的主导和 CI 体系的基石，属于企业的最高决策层次，是企业之"心"。如家从建立开始就着力塑造良好的形象、鲜明的特点，强调与同行业竞争者的差异，突出独特的精神，打造适合自己的理念——"把我们快乐的微笑、亲切的问候、热情的服务、真心的关爱，献给每一位宾客和同事"。

区别于通常严肃刻板的企业理念，如家的理念显得异常的温暖。如家所制定的使命也与此契合：为宾客营造干净温馨的"家"，为员工提供和谐向上的环境，为伙伴搭建互惠共赢的平台，为股东创造持续稳定的回报，为社会承担企业公民的责任。从企业核心理念到宣传语——"不同的城市，一样的家"，处处都有着宾至如归的"家"文化的影响。

在如家的理念识别系统中，不仅体现在顾客方面，还兼顾到了员工、伙伴、股东以及对于社会的责任。面面俱到的周密考虑，有利于企业树立良好的社会形象，扩大其知名度与美誉度。

值得一提的是，如家制定这样的企业理念，事先经过了长期严谨的市场调查研究。国内不乏星级酒店，但入住率都不高。究其原因，如家认为很大程度上是因为对于经常出差辗转于各大星级酒店的商务型顾客，或是旅途劳顿的旅游者而言，需要的是家一样的温暖，并且追求一种便捷的体验，而星级酒店往往无法给他们这种感觉。调查显示，大多数客人在住店期间并没有使用酒店康乐中心等设施，于是如家也取消了这一系列使用率不高的设施，力图达到便捷、温馨。正是这些调查促成了如家现今的企业理念。如家获得成功后，不少人想要模仿，对此，如家的管理团队称，不可复制的是理念，如家最难被模仿的就是其对商业模式的理解，而这凝聚在如家的管理团队的心中。纯粹的模仿是"know what"，然后是"know how"，再高一个层次是"know why"。"know why"正是如家的核心优势。

2. BI

BI 是指行为识别，指企业内外各项活动的行为规范策划，展现企业内部的制度、组织管理、教育、生产、开发研究等，并扩展到企业外部各种社会公益活动、公共关系、营销、市场调研等。BI 是企业形象策划的动态识别形式，而有别于企业名称、标志等静态识别形式。BI 是企业之"手"。

如家内部建立了一套完整而详细的管理制度，约束并规范组织和员工的行为。对于服务行业，产品的提供本身是一项比较难以约束的事。对此，其管理团队提出了"像制造业一样生产服务"，主要是强调服务质量的标准化。"我们对待服务的质量，要像制造业的企业一样。在制造业，次品率往往低于千分之一或者万分之一才是合格品；而服务性行业，能够达到 90%以上的客户满意度就非常不错了。其实说起来 90%的客户满意度还是说明有 10%的次品率；即使是 99%的满意度还有 1%的不合格产品，这是不可以的。我们现在提倡零缺陷，虽然整个与客户接触的服务流程环节非常多，但我们仍然要求全过程的次品率要在 1%以下。要做到这一点是非常不容易的，因为服务并不是容易做到标准化的东西。需要对每个过程、每一道工序完全能够进行控制和测量，在服务的过程中，服务人员每次与客户接触，说的每一句话、客户每个不同的要求，服务人员会遇到不同的情况，要达到这些要求，是很困难的一件事情。但困难并不是不能克服的。换个角度，就可以把服务像制造产品一样分解成一个个环节。能够保证按照恒定的质量标准永远重复下去，才是最为成功之处。"

扩展到企业外部，如家也致力于各种社会公益活动、公共关系、营销等。比如，迎接世博会，推出多项绿色环保活动；赞助东方卫视全程参与"加油！好男儿！"活动；举办员工运动会、技能比拼大赛等活动；制定反舞弊政策；制定商业行为和道德规范等。如家一直以来都在通过各种行为准则的制定及实践、持续的媒体活动策划，打造充满活力、管理高效、热心公益、注重人文关怀的形象，使品牌在大众中的知名度、美誉度和特色度不断得到提升，树立了良好的动态形象。

3. VI

VI是指企业精神与行为的外在化视觉形象设计，如标志形象、标准字体、标准色彩和中心广告词等，广泛应用于销售系统、办公室系统和环境系统。人们能直观感受到，VI是企业之"脸"。

如家的LOGO，由红、黄、蓝三色构成，颜色鲜艳，对比强烈，可识别性高。小房子样式的设计，HOME INN的标志，"I"做成弯月的样子，"如家"两字嵌在房门中，整体LOGO巧妙而简洁，给人温馨的家的感觉。

店面的设计也主要是黄、蓝、两色，这样鲜艳的色调在城市中很少看到，故而识别性很高，仅这一点就为其特色度加了不少分。有很多新闻报道直接用"黄房子"来代替如家，其高识别度由此可见一斑。

酒店内部的设施高度标准化，棕黄色的地板、粉红色的床单、白色的窗纱、蓝色的窗帘，都意在区别于其他酒店难以接近的一片白色，营造家庭般的感觉。

总体而言，如家的VI设计与其理念完好地契合，充分体现了"不同的城市，一样的家"。在如家的CIS设计中，自始至终贯穿着宾至如归的"家"文化，MI、BI、VI三者相互融合，打造出全方位立体的企业形象。而这些都是基于前期详尽的市场调研，分析出企业真正想要树立的形象。从而，对于市场的充分了解及准确把握是打造企业形象识别系统的前提。另外，在实践CIS的过程中，要统一在MI理念的前提引导下，建立统一整体的企业形象。

资料来源：郭亿馨．如家酒店CIS案例分析．中国市场，2011，(15)：48-50.

【问题讨论】

结合本案例，讨论以下两个问题：

1. 如何树立正确的客户服务理念？
2. 如何实行客户满意经营战略？

参 考 答 案

一、单项选择题

1. B	2. C	3. C	4. A	5. C
6. D	7. D	8. A	9. B	10. A

二、多项选择题

1. ABD　　2. ABC　　3. ABC　　4. BCDE　　5. ACD
6. ABCD　7. ABCDE　8. BD　　9. AC　　10. ABCD

三、名词解释

客户：从概念上讲包含着一个很宽泛的范畴。从广义上讲，在工作领域任何依赖你的人都可能是你的客户；从狭义上讲，客户是指那些直接从你的工作中获益的人或组织。

客户价值：是指整体客户价值与整体客户成本之间的差额部分。

CS战略：是企业为使客户能完全满意自己的产品或服务，综合而客观地测定客户的满意程度，并根据调查分析结果，整个企业一起来改善产品、服务及企业文化的一种经营战略。

客户满意度：是指客户对企业以及企业产品和服务的满意程度。

客户忠诚度：是指客户满意后而产生的对某种产品品牌或公司的信赖、维护和希望重复购买的一种心理倾向程度。

客户保留度：是指客户在与企业发生初次交易之后继续购买该企业产品和服务的程度。

客户贡献度：是指客户对企业利润的贡献程度。

四、简答题

1. 从客户需求的内容来看，它包括以下几个方面：①客户对购买产品或服务便利性的需求；②客户对产品或服务的价格确定过程的了解需求；③客户对产品制造和物流过程透明度的了解需求；④客户对与企业平等接触的需求；⑤客户对及时获得专业信息的需求；⑥客户对选择分销渠道的需求；⑦客户对企业提供的服务内容和标准的了解需求。

2. 增加客户价值的方法有：①强化客户感知，要求的一致性、产品的适宜性、价格的合理性、品牌的优异性、服务的完美性以及关系的密切性是决定客户感受强弱的主要因素；②提供个性化服务；③协助客户成功；④让客户快乐。

3. 真正满意的客户服务，一定是要"以客户为中心、以客户为导向"。"客户满意"的具体含义如下：①舒适的；②理解的；③微笑的；④感谢的；⑤有选择的；⑥记忆的；⑦教育的；⑧解决的。

4. 要成为真正意义上的顾客导向型企业，必须站在企业的高度，深入了解以下问题：①客户信息系统是基础。客户满意经营最首要的基础是建立一套完整的客户信息系统，以随时了解客户的状态和动态。②重视内部客户。③抛弃简单而传统的绩效考核。客户满意的企业经营是以顾客满意度为最重要的竞争要素，经营的唯一目的是让客户满意。因此，销售人员最主要的考核指标应是客户满意度，而非销售量。④推行现场管理。推行现场管理，不但能及时发现问题、解决问题，更重要的是可以教给员工解决问题的方法。

5. 影响客户忠诚度的因素有：①客户约束力的影响。对客户的约束包括法律约束、技术约束、知识约束及其他约束。②服务补偿的影响。服务补偿的效果取决于客户付出的成本：客户自身的投入、客户信息的投入、客户资金的投入、客户时间的投入。一般来说，客户投入的程度越高，投入的价值越大，服务补偿的效果就会越差，从而使服务补偿对客户心理和客户忠诚的影响也就越大。

6."忠诚"引发的启示包括：①为客户提供优质的服务，并不意味着一定要为客户提供额外的或附加的服务。我们需要的只是在每一个服务环节中，让客户满意并且惊喜。②一次优质的服务并不能意味着什么。关键是在服务的过程中，要让客户感到愉悦。要建立起与客户长期的互动关系，才能够长期地保留住客户。③服务质量决定了客户满意度，但客户满意却不一定意味着客户忠诚。④提高客户满意度和忠诚度，并不是指提高所有客户的满意度和忠诚度。需要在对客户进行细分的基础上，采取有针对性的策略，最大限度地让更具价值的客户满意。

五、论述题

1. 答案要点

服务是企业基本经营理念的核心部分，企业必须牢固树立"企业所做的一切都是为客户提供最优质的服务"这种理念。要想树立正确的客户服务理念，必须做到：①要树立以客户的需求为导向开展客户服务工作的服务理念；②要牢固树立起为客户服务就是为客户创造价值的服务理念。

2. 答案要点

企业将客户满意作为一种经营战略，也就是通常所说的CS战略。CS战略是企业为使客户能完全满意自己的产品或服务，综合而客观地测定客户的满意程度，并根据调查分析结果，整个企业一起来改善产品、服务及企业文化的一种经营战略。具体内容如下：①满足客户的现实需要。②开发客户的潜在需求。③适应客户需求的变化。④明确"100－1＝0"的等式原则。其意为，尽管有100个客户对你的企业感到满意，但只要有一个客户说不，你的企业知名度马上就会变成零。⑤让客户有宾至如归的感觉。

六、案例分析题

结合案例材料并参考教材中的相关内容作答，具体答案从略。

第3章 客户服务技巧

考核内容

识记：客户接待、情绪管理等基本概念。

领会：客户接待的基本技巧，以及接触不同类型客户需要注意的基本策略，掌握留住客户的技巧。

应用：结合具体案例分析优质服务的必要性和特征。

一、接待客户的技巧

（一）接待客户前的准备

1. 理解客户对服务的要求

（1）可靠度。

（2）有形度。

（3）响应度。

（4）同理度。

（5）专业度。

2. 克服客户服务中的障碍

（1）基本部分：管理理念；急需解决问题的客户很难联系到能真正为之提供帮助的公司或个人；不可靠的设备；保守的公司政策；难以理解的担保书或用户手册；过时的程序和流程；对服务的价值理解不足。

（2）可控障碍：懒惰；贫乏的沟通技巧；糟糕的时间管理；态度问题；情绪化；缺乏足够的培训；无法应对压力；缺乏控制的权力；自作主张；人员不足。

3. 分析客户需求

（1）信息需求。

（2）环境需求。

（3）情感需求。

（4）便利需求。

（二）欢迎你的客户

（1）职业化的第一印象；①个人形象；②服务态度。

（2）欢迎的态度。

（3）全力以赴做好最初的几分钟。

（4）成功地打造引人入胜的开场白。

二、客户情绪管理

1. 与客户情绪沟通的七个要点

（1）时机；

（2）思维习惯；

（3）方式；

（4）分寸；

（5）真诚；

（6）关注细节；

（7）体验客户的情绪。

2. 客户情绪管理必须注意的五个问题

(1) 客户情绪的管理就是察言观色，哄客户开心吗？

(2) 对客户情绪的关注到购买阶段即告结束了吗？

(3) 企业和客户是对立的角色吗？

(4) 企业必须让100％的客户高度满意吗？

(5) 要让客户满意就要一切听客户的吗？

三、优质客户服务的特征及技巧

（一）优质客户服务的特征

优质的服务＝态度＋知识＋技巧。

（二）提供优质客户服务的技巧

(1) 服务过程的一些箴言。

(2) 在客户服务中学会缓解自己的压力。

(3) 理解服务的3A法则：①态度（attitude）；②手段（approach）；③表现（appearance）。

（三）如何赢得客户的技巧

遇到如下情形时，客户一定会取消我们的服务：

(1) 对我们提供的客户服务不满意或不高兴，客户将不再致电与我们联系。

(2) 长时间致电却得不到我们任何跟进和反馈结果的投诉问题，将导致客户直接离开。

(3) 市场上公司品牌的可靠度和可信度比较低，口碑较低。

(4) 公司产品质量不高，客户不购买我们的产品。

(5) 购买我们的产品后，客户感觉不到任何的亲善和信任，客户也不会再与我们联系。

(6) 客户觉得我们的产品价格太高了，客户为了省钱而放弃我们的产品。

(7) 客户感觉使用本公司产品或服务不会带来任何益处。

在提供客户服务的过程中，我们应主动向客户表示：①关心；②同情；③理解；④行动。

四、不同类型客户的应对策略

（一）男性客户的服务技巧

（二）女性客户的服务技巧

（三）沉默客户的服务技巧

(1) 诱导法。

(2) 沉默对沉默。

(3) 捕捉对方的真实意图。

(4) 循循善诱，让对方打开心扉。

（四）健谈型客户的服务技巧

(1) 不怕苦，不胆怯。
(2) 适当倾听，适时恭维。
(3) 严格限制交谈时间。

五、留住客户的技巧

（一）客户服务的基本准则

(1) 十种客户服务的好习惯。
(2) 客户服务的"九准九不准"。

（二）留住客户的基本技巧

(1) 结束服务。
(2) 留住客户的技巧：①检查顾客的满意度。②向客户表示感谢。③与客户建立联系。④与客户保持联系。

重点和难点

本章应掌握的主要知识点包括：（1）了解优质服务的质量标准；（2）了解客户服务的特征及技巧；（3）掌握客户服务的基本准则；（4）掌握不同类型客户的应对策略。

同步综合练习题

一、单项选择题

1. 客户认识和选择服务的起点是（　　）。
   A. 可靠度　　B. 同理度　　C. 响应度　　D. 有形度

2. 企业的服务效率和服务速度体现在（　　）。
   A. 可靠度　　B. 有形度　　C. 响应度　　D. 同理度

3. 客户在选择企业的时候，最看重的是（　　）。
   A. 可靠度　　B. 同理度　　C. 响应度　　D. 专业度

4. 以下哪种情况是在客户服务人员的控制范围之内，并且通过努力就能克服的障碍？（　　）
   A. 保守的公司政策　　　　B. 情绪化
   C. 过时的程序和流程　　　D. 不可靠的设备

5. 客户需求中最难预测的是（　　）。
   A. 信息需求　　　　　　　B. 环境需求
   C. 情感需求　　　　　　　D. 便利需求

6. 在客户的四种需求中，哪种需求的内容主要是有关产品或服务质量、价格、品种等方面的信息？（　　）。
   A. 情感需求　　　　　　　B. 环境需求
   C. 信息需求　　　　　　　D. 便利需求

7. 下列哪种情况可以成功打造引人入胜的开场白？（　　）
   A. 关注客户需求　　　　　B. 良好的个人形象
   C. 敬业精神　　　　　　　D. 友好的问候

8. "学会穿客户的鞋子"，主要强调的是（　　）。
   A. 关注细节　　　　　　　B. 把握分寸
   C. 抓住时机　　　　　　　D. 体验客户情绪

9. 诱导法比较适用于（　　）。
   A. 男性顾客　　　　　　　B. 沉默型顾客
   C. 女性顾客　　　　　　　D. 健谈型顾客

10. 要严格限制交谈时间，尽量不占用过多通话时间，主要针对哪类客户？（　　）
    A. 男性顾客　　　　　　　B. 沉默型顾客
    C. 女性顾客　　　　　　　D. 健谈型顾客

二、多项选择题

1. 客户对服务的要求主要包括（　　）。
   A. 可靠度　　　　　　　　B. 有形度
   C. 响应度　　　　　　　　D. 同理度
   E. 专业度

2. 在客户服务人员的控制范围之内,并且通过努力就能克服的障碍包括( )。
   A. 懒惰　　　　　　　　B. 态度问题
   C. 情绪化　　　　　　　D. 不可靠的设备
   E. 糟糕的时间管理
3. 客户需求包括( )。
   A. 信息需求　　　　　　B. 环境需求
   C. 情感需求　　　　　　D. 产品需求
   E. 便利需求
4. 职业化的第一印象包括( )。
   A. 个人形象　　　　　　B. 思维习惯
   C. 服务态度　　　　　　D. 额外帮助
   E. 关注细节
5. 以下哪些方式有助于成功打造引人入胜的开场白?( )
   A. 友好的问候　　　　　B. 使用尊称
   C. 郑重交换名片　　　　D. 虚心接受的态度
   E. 寻找共同话题
6. 优质服务的特征有( )。
   A. 态度　　　　　　　　B. 低成本
   C. 技巧　　　　　　　　D. 知识
   E. 良好的第一印象
7. 客户服务的3A法则包括( )。
   A. 主动　　　　　　　　B. 手段
   C. 表现　　　　　　　　D. 关心
   E. 态度
8. 男性客户的心理表现主要包括( )。
   A. 果断　　　　　　　　B. 怕麻烦
   C. 注重成本　　　　　　D. 自尊心较强
   E. 追求货真价实
9. 应对沉默客户的服务技巧主要包括( )。
   A. 诱导法　　　　　　　B. 沉默对沉默
   C. 适当倾听　　　　　　D. 捕捉对方的真实意图
   E. 循循善诱,让对方打开心扉
10. 应对健谈型客户的服务技巧主要包括( )。
    A. 不怕苦,不胆怯　　　B. 保持沉默
    C. 诱导法　　　　　　　D. 适当倾听,适时恭维
    E. 严格限制交谈时间

三、名词解释

同理度　　有形度　　响应度　　情感需求　　诱导法

四、简答题

1. 简述与客户情绪沟通的要点。
2. 简述女性客户的消费特征。
3. 简述针对女性客户的消费行为特征可采取的策略。
4. 简述对待沉默型客户的服务技巧。
5. 简述对待健谈型客户的服务技巧。
6. 简述留住客户的技巧。

五、论述题

论述客户情绪管理必须注意的问题。

六、案例分析题

北京"王品台塑牛扒"

1. 从选址开始,服务就开始了

"王品台塑牛扒"(以下简称"王品")店,最早知道它,就是源于经典的服务标准和周到的服务意识,台北、上海、北京、洛杉矶比弗利山庄店……"王品"一直在选择店址上有这样的讲究,通常会选择那些闹中取静的环境给消费者。"比如,在北京的西单店,它紧邻着西单北大街,外面是非常繁华的街道,但拐到了里面来就会发现这里是一个非常清静的地方。像上海的两家店也是这样,浦东比较繁华,但我们选择在时代广场的7楼,这样就有了一个相对安静的就餐环境。"当然这样的环境可以让每个到"王品"的顾客感到更加轻松惬意,更好的用餐环境也可以让人感到更好的服务。但是这样也会带来一个问题,比较隐蔽的选址可能会让第一次来这里的客人不容易找到餐厅,所以"王品"在服务上又有了这样一个规定:对于那些第一次打电话预定餐位的客人,餐厅工作人员都主动询问客人是否熟悉餐厅的位置,然后为他们预留停车位。其实关于服务的较量,"王品"已经在这个环节就开始显示出自己的实力了。

2. 服务里的"绝对准确"

凡是吃过"王品"食物的客人都知道,在"王品"基本只有一个用餐价格——198元,这个价格包括6道主菜和一款甜品饮料,另外会外加10%的服务费。对于餐厅的工作时间,当然零点也可以,并且这样获利更大,"但我们一般不会建议客人零点来的,因为一份色拉汤就要55元,会比较不划算"。在"王品"菜肴的分量和味道方面,可以说是十分的精准,如果你在上海的餐厅享受过这种美味的话,在北京的店里你会惊奇地发现,这里的菜肴和上海的那么相像,不但口味,连形状和摆盘都那么一样。"王品"的店长这样解释他们的"台塑牛扒":"王品的牛扒是精选牛的第六到第八根的肋骨,它是一块带骨的牛扒,全熟,骨长17cm,我们的每块牛扒可以说都符合这个标准。如果它的重量没有达到我们的重量范围,我们就会选择丢弃,所以我们可以骄傲地说,你在每家王品吃到的牛扒都是一样的长度和重量的。"

做餐饮服务的准确性是非常重要的,但也是非常难以把握的一个环节。"准确",就是不多不少正好的意思,如果想让自己的人性化服务也能做到非常准确,这着实是要花上一番工夫的。比如，"按照王品的要求，我们给客人加水要加八分满。我们就会在服务员培训的过程中，让培训师检查他，反复地训练这个技巧，直到他在加水的时候一下子可以加到八分满为止。'王品'对于牙签的摆放也有自己的规定，我们要求所有牙签摆放一定要看出是一个五边形，'王品'的字样朝上，其中的一组牙签要稍稍高于其他牙签，方便客人的使用。这些每天服务组长都会抽查，这是非常细致和标准化的东西，既然'王品'是做连锁的，就必须要求有这些标准化的东西存在。这也是'王品'生存的法宝"。

3. 记住每个"特殊"客人

对于在"王品"就餐但就餐习惯比较特殊的客人，"王品"都会有一个登记和记录。"我们会把客人当作自己的朋友，而不是通常意义上说的'顾客就是上帝'，在与客人的沟通和观察中，'王品'的服务员会获得很多关于客人的信息。在'王品'就发生过这样的事情，在美国的一位顾客，是洛杉矶王品店就餐的老顾客，他不喜欢吃蒜这类食物，后来他出差到上海，竟然惊奇地发现在上海的王品店服务员也非常了解他的习惯，并且他在那里感受到了与美国一样口味的菜肴和服务。客人觉得这个非常神奇，可对于我们来说会有这样的服务也算是在意料之中的吧。因为来王品就餐的每一位客人，我们都会给他登记一个卡，其中有他的外形特质、职业爱好、口味特点，尤其是对那些饮食习惯比较特别的客人，可能我们第一次看到他还不会有非常准确的反应，但是只要我们再次见到这位客人，服务员一定会反应出来关于这个客人的一些准确信息，并且这个服务员很快就会把这个客人的信息 PUSH 给我们店里的同仁的。"

在北京的西单"王品"店有一位王先生，很喜欢一个人来"王品"就餐，除非是同事们的聚会，他一般都会选择一个靠近窗户的位置，他的个人口味是非常喜欢喝"王品"的酸梅汤，而且一定要是冰的。"所以我们一看见他来了，就会为他准备他喜欢的位置，而且原本我们的酸梅汤在套餐里是一小杯的，但对于王先生我们每次都会提前给他准备一大杯端给他，对于王先生的这个习惯，我们餐厅的每位服务员都是知道和了解的。我们觉得能让客人'感动'，记住他们的习惯应该是其中非常细小的一个环节。我们的服务员每个人都会记住相当多客人的习惯，我们就是要想到客人的前面，在这个方面用心思也是王品一直提倡的。"

4. 培训有"价值"的服务员

"王品"最看重服务员的是"为客人服务的那颗心"，我们选择的人可能在其他方面不是非常优秀，但只要他有"全心全意为客人服务"的那颗心，就是非常难能可贵的。"客人其实就像是你的朋友，哪怕说你今天犯了一些错误和过失，只要你真诚地对待他们，他们都是可以原谅你的。""对于服务员的选择，我们在招聘的阶段就会对他们进行一个选择了，除了对于他们外形的要求外，更重要的是我们更看中他们对客人的服务态度，比如说微笑。我们要看他是否真的是从内心有为客人着想的特质。进入'王品'之后，我们会有一个比较特别的'新人庆'，也就是一个7天的培训期。我们会教授他们公司的经营文化和基本的服务流程，这7天虽然是带薪的培训，但如果在这个过程中有不符合要求的地方，我们还是会把他淘汰的。7天之后他们就会到现场去服务客人了，从这天开始我们又开始了一个叫'黄金14天的学习'。会有专职的培训师带领，手把手、一对一地进行个别培训，我们会在这14天中了解每个学员的一些特点和喜好，知道他适合什么样的职位，按照他的特性去发挥他的特长，这样就会让我们的新同事有一个更快的进步。我们在这个培训期中也会教授一些特别实用的东西。"

5. 真心"服务"的不同理解

"王品"对于服务不能用占多少比重来衡量,不能说是服务更多一点还是菜品的口味更多一点。来"王品"的客人,有的是为了满足生理上的需要,喜欢吃这种口味的牛扒;有的是喜欢"王品"这种让人感觉很安全的就餐环境;有的则是喜欢在"王品"能享受到那种被尊崇的感觉,所以应该这样说,"王品"可以给不同的客人以不同方面的满足。应该区分对待我们的客人,因为他们对服务的要求和标准都是不尽相同的。"比如,像商务客人,'王品'就会在他们用餐中比较少地打搅他们,'王品'会从客人的肢体语言上去分析客人希望得到的服务,像家庭聚餐就是另外的一种样子,家庭肯定有老人和小孩,我们的服务员就会针对这样的客人进行服务,小孩子可能比较容易闹,我们就会主动帮这样的家庭适当地照顾小朋友,这样家庭的其他成员就会比较好地享受王品带来的菜肴,让他们更加安心地用餐。"

6. 特色服务"细节中见精神"

"王品的服务原则是'让顾客感动!'(move to tear),店里有这样的口号——'让顾客感动到痛哭流涕'。'王品'最有特色也是非常有意思的一个服务项目叫'珍藏时光',像客人的结婚纪念日、生日都会准备一些活动。在顾客的结婚纪念日时,我们会让客人互许心愿、传戒指,让我们的同事一起给他们唱歌,为他们送去祝福,让他们有一种朋友般的感受。这个服务项目其实从最早的王品店就有了,但是会根据每家店的不同情况进行部分的调整,比如,我们可能选择不同的歌、不同的礼物和祝福。"这些服务项目确实为"王品"带来了人气,但更叫人记住"王品"的是,"在情人节或者圣诞节这样比较重大的节日,我们的183个餐位可能有时候就不能完全满足客人的需要了,我们当然会为客人做一个科学的安排,但是还是会有客人在等位,如果是在我们翻台的时候,那肯定也会让客人等2~3分钟,我们就会及时让服务员为这些在等待的客人进行点餐,这样就会满足客人一个最基本的生理需要,会让他们觉得很快就会吃上了。如果我们估计可能客人要等10分钟左右,我们就会为他们准备红茶、红酒或者他们喜欢的饮料。"

7. "金牌服务"的目的就是要建立"顾客的忠诚"

在经济不景气的时候,"忠诚"总是一个热门话题。我们知道在低迷时期开展新的生意是多么困难,而且在任何时候争取一个新的客户通常需要很高的花费。同时,因为企业内部持续不断地流失和新进员工的现状,也在持续制造更低的效率和高昂的费用。毋庸置疑的是,当你的所有客人、员工以及合作伙伴都紧紧跟随着你的时候,你的生意和利润将得到更快的增长。

资料来源:职业餐饮网,http://www.canyon168.com/gly/cygl/cual/201110/35620.html[2011-10-30].

【问题讨论】

结合本案例,讨论以下两个问题:

1. 如何赢得客户的心?
2. 如何提供优质的服务?

参 考 答 案

一、单项选择题

1. D   2. C   3. A   4. B   5. C
6. C   7. D   8. D   9. B   10. D

二、多项选择题

1. ABCDE   2. ABCE   3. ABCE   4. AC   5. ABCDE
6. ACD   7. BCE   8. ABDE   9. ABDE 10. ADE

三、名词解释

同理度：是指我们所说的同理心的问题，就是服务人员能够在多大程度上理解客户的需求，理解客户的想法，设身处地为客户着想，给予客户特别的关注。

有形度：是指有形的设施、设备、人员等外在呈现出来的东西。客户刚开始接受服务的时候，通常是通过有形度来感受的。

响应度：是指客户服务中的服务效率和服务速度的问题。

情感需求：是指客户在感情上需要获得客服人员的理解和认同。

诱导法：是指对沉默型客户，利用不断发问的技巧，迫使对方不得不回答你的问题的方法。只要对方开口，就可以根据他的回答来准备对策。

四、简答题

1. 与客户情绪沟通的七个要点：①时机。与客户的情绪沟通必须注意时机，否则很可能事与愿违。②思维习惯。要充分考虑客户的具体思维习惯。③方式。根据客户的特点，运用不同的方式，来拉近彼此的距离。④分寸。让客户感觉愉快并不等于一味热情地去拉近与客户的关系，保持适当的距离很重要。⑤真诚。良好稳固的客户关系需要厂商一点一滴的积累，其中真诚与互动是非常重要的。⑥关注细节。⑦体验客户的情绪。"穿客户的鞋子"，就是把自己放在客户的位置，去实际体验一下实地的感受。

2. 女性客户的消费特征一般表现如下：①追求时尚。②重实用。③议论多，不愿做旁观者，买与不买都要议论一番。④购物精打细算。⑤购买目标模糊。⑥渴望得到他人的认可和赞扬，对外界反应敏感。

3. 针对女性客户的消费行为特征，可以采取以下策略：①摸清她们的购买意图，服务周到耐心，介绍商品详细全面，尽可能满足她们的挑选要求，尽可能多给她们时间考虑并做出适当的解释，以帮助她们做出购买的决定。②面对女性客户犹豫不决时，可以为其列举一些成功购买案例，并表明产品销售的紧俏局面，以吸引其做出购买决定。③不要欺骗客户。别让她们因受骗而发怒，否则，代价是惨重的。④女性喜欢以丰富的想象力去寻求生活上的突破，在介绍产品时，可以多介绍产品比较超前先进的功能。

⑤女性客户常常对喜欢的东西很难彻底舍弃，在感情的表达上多是坦率的，甚至是表面化的。⑥不要让女性坦率地承认自己眼光不够，选择错误。可以帮她们找借口，更换曾经使用的产品，同时使用我们的新产品。

4. 对待沉默型客户，可以采取以下方法：①诱导法。对性格内向型的客户，可以利用不断发问的技巧，迫使对方不得不回答你的问题，只要对方开口，就可以根据他的回答来准备对策。②沉默对沉默。对方沉默，你也要沉默，这样一来，对方不得不开口说话，一旦开口，你就前进一步，接下来就可以施展自己的才能使对方顺应你的提议。③捕捉对方的真实意图。知己知彼，百战不殆，掌握对方心理是根本保证。④循循善诱，让对方打开心扉。要针对客户关心的事情去询问他的意见，热心地赋予同情和理解，就可以让客户消除购买时的警戒心理，愉快地与你交谈、签约。

5. 对待健谈型客户，可以采取以下方法：①不怕苦、不胆怯。信息服务人员要做到不怕"苦"，任他反驳、讽刺，始终不露"怯"色，信心十足地面对客户的讥讽，客户自然会知道理亏。②适当倾听，适时恭维。对待喋喋不休型的客户要适当地赞美他、恭维他，迎合他的爱好，不妨做适当的倾听，听得越充分，赞美越到位，和客户的关系就会越近。③严格限制交谈时间。对待喋喋不休型的客户，要把握好交谈时间，既要让他畅所欲言，又要严格限制谈话时间；在服务过程中，掌握主动权，并讲究策略。

6. 留住客户的常用技巧有：①检查顾客的满意度。②向客户表示感谢。对客户表示真心的感谢，同时保持自己进退适宜的商务礼仪。③与客户建立联系。表示感谢结束以后，留下联系方式，便于以后联系。④与客户保持联系。建立客户档案资料，并及时整理更新，定期对客户进行回访，掌握这些技巧，你就能牢牢把握住这些客户，既能够为客户提供增值服务，也会为你自己创造出新的利润增长点和价值。

五、论述题

答案要点，客户情绪管理必须注意的问题：

（1）客户情绪的管理就是察言观色，哄客户开心吗？客户情绪管理，是以"情绪"为启动点，提供最能让客户满意、愉悦的商品与服务。需要的商品和服务必须能够满足客户的真正需要，否则客户信息服务人员再怎么礼貌有加也不能转移其对产品和服务质量的关注。

（2）对客户情绪的关注到购买阶段即告结束了吗？售后阶段客户的情绪反应中蕴含着大量的信息，而这些信息对企业的发展与生存是至关重要的。从客户的售后情绪里收集信息远比直接向人群问卷调查获得信息的成本更低，收效更大。而且，与厂商打过交道的客户对厂商收集反馈信息的行为会有一定的好感，因为他们感受到厂家对自己的关注，通常会表现出更高的合作热情。

（3）企业与客户是对立的角色吗？事实上，卖方和买方有着某种程度的"共生"关系，生产面与需求面是互相刺激、互相提升的。买方与卖方之间的关系，应该是"互利"而非对立的。

（4）企业必须让100%的客户高度满意吗？企业80%的利润来自20%的客户，每个客户对企业的贡献度是不同的，少量的客户为企业创造了大量的利润，因此，企业不应当忽视这一部分少量客户。

（5）要让客户满意，就要一切听客户的吗？大部分人对许多领域的服务不是很在行，他们往往只根据自己的情况提出要求，但由于知识或信息的限制从而做出了错误的决策。如果能在客户做出决定之前，帮助他做出正确的选择，从而达到他的真正目的而不是一切听客户的，只有这样的服务才能真正让客户满意。

六、案例分析题

结合案例材料并参考教材中的相关内容作答，具体答案从略。

第4章 客户服务质量管理

考核内容

识记：质量及全面质量管理的含义。
领会：客户满意度的衡量及测评方法。
应用：通过实际的案例分析能对服务质量做出分析与测评。

一、质量及全面质量管理概论

(一) 质量的含义

质量是客户对于企业所提供产品或服务所感知的优良程度,是客户期望和产品实际质量之间的差值。

(二) 全面质量管理的含义

(三) 客户服务在全面质量管理中的应用

(1) 质量过失弥补:①因价值而流失;②因系统而流失;③因员工而流失。
(2) 商业机会挖掘与创造。

二、客户服务质量管理分析

(一) 客户服务内部质量管理的特点

客户服务内部质量管理具有主观性强、难以评估、管理成本高等特点。

(二) 客户服务质量管理的原则

(1) 以人为本原则。
(2) 以客户为中心原则。
(3) 量化原则。
(4) 管理者参与的原则。
(5) 对服务持续改进的原则。

(三) 休哈特-戴明环 (PDCA 循环)

PDCA 循环分别代表 plan(计划)、do(执行)、check(检查)和 action(处理)。

三、客户满意度的衡量与测评

(一) 客户满意度衡量

(1) 客户满意的含义。客户满意是指客户通过对一种产品的可感知的效果或结果与他的期望值相比较后所形成的一种失望或愉悦的感觉状态。客户满意度=可感知效果-期望值。

(2) 客户满意的层次。①横向层面:企业理念满意、企业行为满意、企业视觉满意。②纵向层面:物质满意层、精神满意层、社会满意层。

(3) 影响客户满意度的因素。①企业因素;②产品因素;③服务因素;④沟通因素;⑤环境因素;⑥情感因素。

(4) 客户满意度衡量的指标。①美誉度;②知名度;③回头率;④抱怨率;⑤销售力。

(二)客户满意度测评

1. 客户满意度测评的对象

对象包括:消费者、中间商客户、内部客户。

2. 客户满意度的测评方法

(1)通过询问直接衡量。

(2)要求受访者说出他们期望获得一个什么样的产品属性,以及他们实际得到的是什么(引申出来的不满意)。

(3)要求受访者说出他们在产品上发现的任何问题及提出的任何改进措施(问题分析)。

(4)要求受访者按产品各要素的重要性不同进行排列,并对企业在每个要素上的表现做出评价(重要性或绩效等级排列)。

重点和难点

本章应掌握的主要知识点包括:(1)了解客户服务质量管理的基本含义;(2)了解客户服务在全面质量管理中的应用;(3)掌握客户服务质量管理的原则及方法;(4)掌握客户满意度衡量和测试的基本方法与流程。

同步综合练习题

一、单项选择题

1. 下列哪项属于客户服务内部质量管理的特点？（　　）。
   A. 主观性强　　　　　　　B. 容易测量
   C. 成本低　　　　　　　　D. 以人为本

2. 客户服务质量管理的原则是（　　）。
   A. 效率优先　　　　　　　B. 以产品质量为中心
   C. 以人为本　　　　　　　D. 降低成本

3. 在戴明循环中，Do 阶段是指哪个阶段？（　　）。
   A. 计划　　　B. 处理　　　C. 执行　　　D. 检查

4. 以下属于客户满意的横向层面的是（　　）。
   A. 视觉满意　　　　　　　B. 精神满意
   C. 社会满意　　　　　　　D. 物质满意

5. 客户满意的最主要决策层是（　　）。
   A. 理念满意　　　　　　　B. 行为满意
   C. 服务满意　　　　　　　D. 视觉满意

6. 以下哪项是客户在对企业提供的产品形式和外延层的消费过程中产生的满意？（　　）
   A. 物质满意层　　　　　　B. 社会满意层
   C. 精神满意层　　　　　　D. 视觉满意层

7. 客户满意中最基础的层次是（　　）。
   A. 视觉满意层　　　　　　B. 物质满意层
   C. 精神满意层　　　　　　D. 社会满意层

8. 客户指明消费某企业产品或服务程度的指标是（　　）。
   A. 美誉度　　　　　　　　B. 知名度
   C. 回头率　　　　　　　　D. 销售力

9. 客户消费了某企业的产品或服务之后再次消费，此时客户满意度的衡量指标是（　　）。
   A. 美誉度　　　　　　　　B. 知名度
   C. 回头率　　　　　　　　D. 销售力

10. 客户满意度测评对象中的消费者是指（　　）。
    A. 中间商客户　　　　　　B. 内部客户
    C. 现实客户　　　　　　　D. 客户服务人员

二、多项选择题

1. 造成企业客户流失的原因有（　　）。
   A. 因价值而流失　　　　　B. 因系统而流失

C. 因员工而流失 D. 因服务而流失
E. 因细节而流失

2. 客户服务内部质量管理的特点包括（　　）。
　　A. 主观性强 B. 系统性
　　C. 及时性 D. 难以评估
　　E. 成本高

3. 客户服务管理的原则主要包括（　　）。
　　A. 以人为本 B. 以客户为中心
　　C. 量化原则 D. 管理者参与
　　E. 持续改进服务

4. 管理者参与的原则有（　　）。
　　A. 支持 B. 反馈
　　C. 培训 D. 鼓励
　　E. 承担责任和疏导关系

5. PDCA 循环的步骤是（　　）。
　　A. 计划　　B. 执行　　C. 检查　　D. 反馈
　　E. 处理

6. 从横向层面划分，客户满意包括（　　）。
　　A. 企业理念满意 B. 企业行为满意
　　C. 企业产品满意 D. 企业服务满意
　　E. 企业视觉满意

7. 从纵向层面划分，客户满意包括（　　）。
　　A. 企业理念满意 B. 企业服务满意
　　C. 物质满意层 D. 精神满意层
　　E. 社会满意层

8. 社会满意层体现在产品的（　　）。
　　A. 道德价值 B. 政治价值
　　C. 生态价值 D. 社会安全价值
　　E. 社会价值

9. 影响客户满意度的因素有（　　）。
　　A. 企业 B. 产品
　　C. 服务 D. 沟通和环境
　　E. 情感

10. 客户满意度衡量的指标包括（　　）。
　　A. 美誉度 B. 知名度
　　C. 回头率 D. 抱怨率
　　E. 销售力

三、名词解释

　　质量　　全面质量管理　　质量过失弥补　　客户满意
　　企业理念满意　　企业行为满意　　企业视觉满意

四、简答题

1. 简述全面质量管理的基本思路。
2. 简述客户服务在全面质量管理中的应用。
3. 简述客户服务内部质量管理的特点。
4. 简述客户服务质量管理的原则。
5. 简述影响客户满意度的因素。
6. 简述客户满意度的测评方法。

五、论述题

1. 试述 PDCE 循环的四个阶段。
2. 分别从横向和纵向来论述客户满意的层次。

六、案例分析题

美国西南航空公司的全面质量管理

　　美国西南航空公司是建立高绩效组织进行全面质量管理的成功典范。美国西南航空公司成立于 1971 年，最初只在得克萨斯州提供短距离运输服务。尽管美国航空业麻烦不断，西南航空公司在历史上还是取得了 1973～2002 年连续 28 年赢利的骄人成绩，创造了美国航空业的连续赢利纪录。这样的业绩来自公司低成本的运营模式，也直接得益于西南航空公司员工的高效率工作和在飞行途中给乘客创造轻松愉快环境的服务方式。事实上，西南航空公司的总裁兼首席执行官赫伯·克勒赫从公司成立起就坚持宣传"快乐和家庭化"的服务理念和战略，并通过员工的力量将这种理念的价值充分体现和发挥出来，在成功降低成本的同时尽量使顾客满意。

　　西南航空公司对新员工的技术培训时间根据不同部门的要求从两个星期到六个星期不等。西南航空公司承担所有的培训费用，并保证其完成培训后能够被雇用。西南航空公司要求所有员工（包括飞行员）每年都要参加"关心顾客"课程的学习。西南航空公司的"人民大学"为员工和管理人员开设很多专门的课程。这些课程包括团队建设、绩效评价、心理压力控制、安全、职业发展等。这所"大学"还开设"新员工庆典"课程，这是一门一天的课程，让员工了解公司的历史、文化及工作场所实践。另外，还为非财务人员开设课程使其了解财务术语，为其他人员开设多种领导发展课程。

　　西南航空公司在航空公司业内创造了第一个利益共享计划。通过公司的业务通讯、周报和每季度发行的新闻录像等载体形式，向员工提供公司财务和营业情况的信息。员工通过多种委员会（如工人管理人员联合委员会）参与决策，这些委员会对各种问题做出决策，这些问题涉及的范围很广，包括重新制订福利计划和选择新制服等。

　　西南航空公司建立起一种独特的政策开放体系，这一体系渗透到公司的各个部门。管理层接近员工,参与一线员工的工作,倾听员工的心声,告诉员工关于如何改进工作的建议和思想。西南航空公司与其他服务性公司不同的是,它并不认为顾客永远是对的。赫伯·克勒赫说:"实际上,顾客也并不总是对的,他们也经常犯错。我们经常遇到毒瘾者、醉汉或可耻的家伙。这时我们不说顾客永远是对的。我们说你永远也不要再乘坐西南航空公司的航班了,因为你竟然那样对待我们的员工。"西南航空公司的管理层了解一线员工的工作,支持和尊敬一线员工的工作,甚至宁愿"得罪"无理的顾客。这使西南航空公司始终保持行业内最低的离职率。在西南航空公司,管理层的工作首先是确保所有的员工都能得到很好的关照、尊重和爱;其次是处理看起来进展不顺利的事情,并推动它的进展,帮助它变得好点,或者快点;再次是维护西南航空公司的战略。

西南航空公司的综合策略已经得到了回报。到 2006 年,西南航空公司拥有的飞机已由最初的 4 架发展到 450 余架,成为美国最大航空公司之一,每年将超过 8300 万名旅客运送到美国境内 63 个城市。西南航空公司这一品牌也已经成为美国乘客心目中"黄金航班"的象征。短航线、低价格、准点、航班服务简单朴实、员工高效率及归属感等系列体系,使美国西南航空公司的低价竞争战略得以实现,成为其他企业无法模仿的核心竞争力。1993～1996 年,该公司连续 4 年夺得了美国运输部的"三重冠",即航班最准时、行李处理得最好、顾客最满意的冠军。1997～2000 年,连续 4 年被著名的《财富》杂志评为全球最受赞赏的公司之一,并在 2001 年《财富》杂志列出的 100 家美国最受员工欢迎的公司中名列第四。

资料来源:鸿博咨询网,http://www.517hb.com/html/newsy/newsy1684.htm〔2008-12-22〕。

【问题讨论】

结合本案例,讨论以下两个问题:

1. 客户服务质量管理的原则是什么?
2. 如何在保证服务质量的同时有效控制成本?

参 考 答 案

一、单项选择题

1. A 2. C 3. C 4. A 5. A
6. C 7. B 8. B 9. C 10. C

二、多项选择题

1. ABC 2. ADE 3. ABCDE 4. ABCDE 5. ABCE
6. ABE 7. CDE 8. ABC 9. ABCD 10. ABCDE

三、名词解释

质量:是指客户对于企业所提供产品或服务所感知的优良程度,是客户期望和产品实际质量之间的差值。

全面质量管理：是指以客户为导向的经济环境下，中外企业普遍采用的质量管理方法，它是一种达到或超越客户对质量要求的理念。

质量过失弥补：是指客户服务中心通过人性化及科学化的手段，为企业在经营环境中发生的达不到客户要求的各种过失问题，如产品质量问题、销售过程中出现的服务问题、系统问题等，提供弥补服务，以满足客户的基本要求（包括被理解、被尊重和安全感）和特殊需求（解决问题）。

客户满意：是指客户通过对一种产品的可感知的效果或结果与他的期望值相比较后所形成的一种失望或愉悦的感觉状态。

企业理念满意：是指企业的精神、使命、经营宗旨、经营哲理、经营方针和价值观念等，带给企业内部顾客和外部顾客的心理满足感。

企业行为满意：是指顾客对企业"行动"的满意，是理念满意诉诸计划的行为方式，是客户满意战略的具体执行和运作，就是建立一套完整的行为运行系统，这套系统被全体员工认同和掌握，并且在系统中每个员工都是公平和公正的。

企业视觉满意：是指客户对直观可见的外在形象的满意，既是顾客认识企业的快速、简单的途径，也是企业强化公众印象的集中化、模式化的手段。

四、简答题

1. 全面质量管理的基本思路概括如下：①坚持"用户第一"和"预防为主"的观点。②质量是全面的质量，既包括产品质量、服务质量，又包括工程质量和工作质量。③质量管理是全过程管理。企业生产产品必须经过市场调查、产品设计和研制、产品生产和检验、产品的销售和服务等一系列过程。④质量管理是全员性的管理。实施全员质量管理，抓紧质量教育和培训，提高全员质量意识，普遍建立质量控制小组，是开展全面质量管理的基础。⑤质量管理是全方位的管理，即要采用多样化的质量监控方法，如改善经营管理、革新技术、质量检查手段，提高员工素质等。⑥质量管理的基本工作程序是计划、执行、检查和处理四个阶段构成PDCA循环。

2. 客户服务在改善企业质量方面扮演着重要的角色。其作用体现在：①质量过失弥补。质量过失弥补是指客户服务中心通过人性化及科学化的手段，为企业在经营环境中发生的达不到客户要求的各种过失问题，如产品质量问题、销售过程中出现的服务问题、系统问题等，提供弥补服务，以满足客户的基本要求（包括被理解、被尊重和安全感）和特殊需求（解决问题）。②商业机会挖掘与创造。商业机会挖掘与创造是指客户服务中心通过对客户需求的采集、分析和管理，与客户建立信赖关系，为客户提供个性化的企业信息和关怀服务，实现客户开发和在线交易的目的。

3. 客户服务内部质量管理的特点有：①主观性强。主观性较强是指对同一个客户信息服务员同一段通话，不同的质量专员可能会给出不同的分数。②难以评估。对服务质量的评估，除了需要一套完整的质量管理测评系统外，还需要对管理者或质量专员进行长期的培训，并辅助以客户满意度调查的方式，才能准确地评估客户服务中心服务质量高低。③成本高。因此无论从劳动强度和工作效率来讲，与客户服务中心的其他工作相比，拥有较高的管理成本。

4. 在服务质量管理中，以下几个原则十分重要：①以人为本原则。在进行品质管理过程中，管理者必须把对人的培训及关心放在第一位。②以客户为中心原则。以客户为中心的核心思想就是理解客户当前和未来的需求，要让我们的客户满意，要以客户的满意度作为衡量客户服务中心服务质量优劣的关键因素。③量化原则。由于服务质量管理具有主观性较强、难以评估和管理成本高的特点，将客户和质量专员对服务质量的感觉进行量化，是客观评价客户服务中心服务质量优劣的重要手段。④管理者参与的原则。管理者的任务就是保证所有员工更好地满足客户的要求。因此，管理者需要通过支持、反馈、培训、鼓励、承担责任和疏导关系等方法成为质量改进的先导。⑤对服务的持续改进原则。竞争的加剧使得企业的经营处于一种"逆水行舟，不进则退"的局面，企业必须不断改进才能生存。为此，"持续改进服务质量应当成为客户服务中心的一个永恒目标"。

5. 客户满意度是客户建立在期望与现实基础上的对产品与服务的主观评价，一切影响期望与服务的因素都可能影响客户满意度。主要影响因素有如下几点：①企业因素。企业是产品与服务的提供者，其规模、效益、形象、品牌、公众舆论等内在或外在的表现都是影响客户满意度的重要因素。②产品因素。产品的消费属性、服务、外观因素等都直接影响客户满意度。③服务因素。企业的营销与服务体系是否一致、简洁，是否能为客户带来方便，售后服务时间的长短，服务人员的态度等，都会影响客户的满意度。④沟通因素。客户期望能很方便地与供应商沟通。⑤环境因素。认识到不同环境对客户的影响，对提供高质量的服务和创造客户满意度是很重要的。⑥情感因素。客户自己与服务提供商及其员工的互动影响客户的满意度。

6. 常见的客户满意度的测评方法有以下四种：①通过询问直接衡量。②要求受访者说出他们期望获得一个什么样的产品属性，以及他们实际得到的是什么。③要求受访者说出他们在产品上发现的任何问题及提出的任何改进措施（问题分析）。④要求受访者按产品各要素的重要性不同进行排列，并对企业在每个要素上的表现做出评价（重要性或绩效等级排列）。

五、论述题

1. 答案要点

（1）计划阶段。通过现场管理和调查，发现客户服务工作中存在的问题，应用统计方法和团队经验分析产生问题的原因，找出对工作流程实施影响最大的因素。制订解决问题的工作计划，拟定改进措施。

（2）执行阶段。执行措施计划。

（3）检查阶段。通过多样化的手段调查计划执行结果。

（4）收尾阶段。巩固取得的成绩，提出尚未解决的遗留问题。

2. 答案要点

客户满意的内容分为横向层面和纵向层面。

（1）横向层面：①企业理念满意。企业理念满意就是企业的精神、使命、经营宗旨、经营哲理、经营方针和价值观念等带给企业内部顾客和外部顾客的心理满足感。②企业行为满意。企业行为满意是顾客对企业"行动"的满意,既是理念满意诉诸计划的行为方式,又是客户满意战略的具体执行和运作。③企业视觉满意。企业视觉满意是客户对直观可见的外在形象的满意,既是顾客认识企业的快速、简单的途径,也是企业强化公众印象的集中化、模式化的手段。

(2)纵向层面:①物质满意层。物质满意层是客户在对企业提供的产品核心层的消费过程中所产生的满意。②精神满意层。精神满意层是客户在对企业提供的产品形式和外延层的消费过程中产生的满意。③社会满意层。社会满意层是客户在对企业提供的产品的消费过程中,所体验到的社会利益维护程度。

六、案例分析题

结合案例材料并参考教材中的相关内容作答,具体答案从略。

第5章 大客户服务管理

考核内容

识记：客户分级及其相关理论。

领会：核心客户的定义、核心客户管理的基本方法和原理。

应用：依据实际掌握大客户管理的基本方法和提高大客户忠诚度的一些策略方法。

一、客户服务分级

(一) 客户服务分级的必要性

(二) 客户服务分级的作用

(三) 客户服务分级的主要理论

(1) 80/20 法则。
(2) ABC 分类法。

(四) 客户分级管理

(1) 评估客户价值。
(2) 根据客户价值将客户分级。
(3) 明确客户分级的目的。
(4) 进行有的放矢的服务。

二、核心客户管理

(一) 核心客户

(1) 大客户。
(2) 一般老客户。
(3) 核心客户与较差客户的区别。

(二) 客户金字塔

客户金字塔有两种常用的分类方法:
(1) 将客户分为 VIP 客户、主要客户、普通客户与小客户四种类别。
(2) 将客户分为铂金层级、黄金层级、钢铁层级与重铅层级四种类别。

(三) 核心客户管理的步骤

(1) 识别 20% 的核心客户。
(2) 向核心客户提供特别的服务。
(3) 针对核心客户来开发新服务或新产品,特别为他们量身定做。
(4) 留住核心客户。

(四) 核心客户资料卡的内容和管理

(1) 核心客户资料卡的内容:①基础资料;②特征记录;③业绩分析;④交易现状;⑤满意程度。
(2) 核心客户资料卡的管理:①动态管理;②灵活机动;③专人负责;④放眼未来。

（五）发掘核心客户价值

1. 分析核心客户价值

（1）年销售额的计算；

（2）总收入的计算；

（3）接触成本的计算；

（4）净客户利润的计算；

（5）合作关系持续时间的计算；

（6）客户预期赢利的计算。

2. 发掘核心客户价值的具体方法

（1）企业必须保持与客户的沟通，并不断建立起品牌转换壁垒，使客户不愿意或者不转换购买或选择其创始品牌的产品或服务。

（2）企业的产品策略要根据客户的需求不断升级。

（3）与客户建立起学习型关系，不断增强双方的了解和信任程度。

（4）企业须对核心客户进行跟踪和了解，发现并尽力满足其多种需求。

（5）企业要让核心客户得到比较明显的好处。

（六）与核心客户的联系

与核心客户联系的常用方式：①登门拜访；②书信、E-mail 和电话联络；③赠送纪念品。

（七）客户接待技巧

（八）与核心客户实现双赢

（1）双赢策略的目标：①真正的双赢策略营销是以达到合作双方互利互惠的境界为目的；②实行输赢策略的企业往往与客户利益完全对立起来，有时会导致双输结果。

（2）双赢策略的实施：①双赢策略要求建立专门的管理部门；②双赢策略营销必须建立一个反馈系统；③双赢策略营销的动态应变性来源于公司的组织结构和经营风格。

三、大客户服务管理

（一）大客户管理

（二）大客户的定义

大客户是指那些能给企业带来大利润的客户。

（三）大客户管理工作的复杂性

（1）企业并购使顾客集中程度不断增加。

（2）买方拥有更多向卖方讨价还价的机会。

(3) 买方组织有更多部门参与采购决策。

(四) 识别和定位大客户

(1) 对大客户的类别划分要准确。
(2) 收集、完善大客户的基础资料。
(3) 关注竞争对手的动作。

(五) 了解大客户的需求

(1) 提问：①给出观点的问题；②封闭式问题；③描述性问题；④澄清性问题；⑤征询性问题。
(2) 倾听客户谈话。
(3) 观察客户的非语言行为：①眼神；②手势；③坐姿。
(4) 大客户业务需求联系单。
(5) 通过大客户的抱怨了解需求。

(六) 服务大客户

(1) 大客户服务队伍的建立与考核：①大客户部在公司的地位。②大客户部的成员组成。③大客户部经理应具备的素质。
(2) 推行大客户项目经理制和建立完善项目小组制。①推行大客户服务项目经理制。②大客户项目经理的职责。③成立项目小组，完善大客户的服务。
(3) 形成和谐的大客户关系管理运营环境。
(4) 加强大客户的经营分析。
(5) 帮助大客户提升自己的价值。
(6) 提供个性化服务。
(7) 对大客户进行回访。
(8) 与大客户合作共赢。
(9) 实施大客户战略联盟。

(七) 维护大客户关系的关键因素

这些因素包括：①信任；②竞争对手；③制造进入障碍；④巩固退出障碍；⑤合作性风险。

(八) 影响大客户忠诚度的因素

这些因素包括：①完美的采购经历；②理念；③真正的互动；④优质的服务；⑤客户的参与决策权；⑥关系质量；⑦产品差异化。

(九) 大客户的档案管理

(1) 基本信息；
(2) 重要信息；

（3）核心信息；

（4）过程管理信息。

四、提高大客户忠诚的策略

（一）优先保证大客户的货源充足

（二）充分调动大客户中的一切与销售相关的因素，提高大客户的销售能力

（三）新产品的试销应首先在大客户中进行

（四）充分关注大客户的一切公关及促销活动、商业动态，及时给予支援或协助

（五）安排企业高层主管对大客户的拜访工作

（六）根据大客户不同的情况和每个大客户一起设计促销方案

（七）经常性地征求大客户对营销人员的意见

（八）对大客户制定适当的奖励政策

（九）保证与大客户之间信息传递的及时、准确性，把握市场脉搏

（十）组织每年一度的大客户与企业之间的座谈会

重点和难点

本章应掌握的主要知识点包括：（1）了解客户服务分级的相关理论；（2）了解核心客户管理的内容、核心客户的分类方法；（3）掌握大客户服务管理的内容、作用及实施方法；（4）掌握提高大客户忠诚度的策略方法。

同步综合练习题

一、单项选择题

1. 对企业而言，最佳顾客是（　　）。
   A. 大客户　　　　　　　　B. 核心客户
   C. 关键客户　　　　　　　D. 一般老客户

2. 在金字塔客户的第一类分类中，最上层的客户是（　　）。
   A. 关键客户　　　　　　　B. 主要客户
   C. 普通客户　　　　　　　D. VIP 客户

3. 客户价值评估应该是评估客户的（　　）。
   A. 终生价值　　　　　　　B. 客户利润
   C. 客户份额　　　　　　　D. 发展潜力

4. 在客户金字塔分类中，哪级客户代表那些赢利能力最强的客户？他们对价格并不十分敏感，愿意花钱购买，愿意试用新产品，对企业最为忠诚。（　　）
   A. 铂金层级　　　　　　　B. 黄金层级
   C. 钢铁层级　　　　　　　D. 重铅层级

5. 客户数量众多，能消化企业的产能，但其消费水平、忠诚度和赢利能力不值得企业去特殊对待的客户是（　　）。
   A. 铂金客户　　B. 黄金客户　　C. 钢铁客户　　D. 重铅客户

6. （　　）主要包括市场区域、营销能力、发展潜力、经营观念、经营方向、经营政策、企业规模、经营特点等。
   A. 交易现状　　　　　　　B. 业绩分析
   C. 特征记录　　　　　　　D. 基础资料

7. 在发掘核心客户价值中，如果采用年销售额来计算，企业值得为其建立数据库的顾客是（　　）。
   A. 500 元/年的顾客　　　　B. 1000 元/年的顾客
   C. 5000 元/年的顾客　　　 D. 10 000 元/年的顾客

8. 维系大客户关系的基础是（　　）。
   A. 竞争对手　　　　　　　B. 进入障碍
   C. 退出障碍　　　　　　　D. 信任

9. 使得竞争对手难以与某特定大客户建立起交易关系，从而达到加强我方与大客户关系的目的，该策略成功的关键因素是（　　）。
   A. 巩固退出障碍　　　　　B. 竞争对手
   C. 信任　　　　　　　　　D. 制造进入障碍

10. 赢得客户忠诚度的先决条件是（　　）。
    A. 优质的服务　　　　　　B. 重视和尊重客户
    C. 理念　　　　　　　　　D. 关系质量

二、多项选择题

1. 在客户金字塔第一种分类中,将客户划分为(   )。
   A. 主要客户　　　　　　　　B. 普通客户
   C. 一般客户　　　　　　　　D. 小客户
   E. VIP 客户

2. 在客户金字塔第二种分类中,将客户划分为(   )。
   A. 铂金层级　　　　　　　　B. 黄金层级
   C. 钢铁层级　　　　　　　　D. 重铅层级
   E. 一般层级

3. 核心客户管理的步骤包括(   )。
   A. 识别客户　　　　　　　　B. 识别 20% 的核心客户
   C. 向核心客户提供特别的服务　　D. 留住核心客户
   E. 针对核心客户来开发新服务或新产品

4. 核心客户资料卡的内容主要包括(   )。
   A. 基础资料　　　　　　　　B. 特征记录
   C. 业绩分析　　　　　　　　D. 交易现状
   E. 满意程度

5. 核心客户资料卡的管理工作主要包括(   )。
   A. 动态管理　　　　　　　　B. 灵活机动
   C. 专人负责　　　　　　　　D. 放眼未来
   E. 禁止信息传播

6. 与核心客户联络的方法包括(   )。
   A. 登门拜访　　　　　　　　B. 书信
   C. E-mail　　　　　　　　　D. 电话联络
   E. 赠送纪念品

7. 选择大客户的标准通常有(   )。
   A. 客户的采购流程及数量　　B. 采购的集中性
   C. 对服务水平的要求　　　　D. 客户对价格的敏感度
   E. 客户是否希望与公司建立长期的伙伴关系

8. 大客户部门的成员包括(   )。
   A. 财务专家　　　　　　　　B. CS 专员
   C. CRM 专员　　　　　　　 D. 高级培训师
   E. 大客户开发经理

9. 维护大客户关系的关键因素包括(   )。
   A. 信任　　　　　　　　　　B. 竞争对手
   C. 制造进入障碍　　　　　　D. 巩固退出障碍
   E. 合作性风险

10. 大客户的档案管理包括(   )。

A. 基本信息　　　　　　B. 重要信息
C. 核心信息　　　　　　D. 保密信息
E. 过程管理信息

三、名词解释

核心客户　　　　大客户　　　　铂金层级客户
大客户经理制　　大客户战略联盟

四、简答题

1. 简述一般老客户的特征。
2. 简述核心客户与较差客户之间的区别。
3. 简述发掘核心客户价值的方法。
4. 简述大客户战略联盟的内容。
5. 简述影响大客户忠诚度的因素。
6. 简述提高大客户忠诚度的策略。

五、论述题

1. 试述客户服务分级的主要理论。
2. 试述与核心客户实现双赢策略的目标及实施。

六、案例分析题

联想提高大客户管理能力的策略

拥有一定数量的客户群体是现代企业生存和发展的关键。企业的客户越多，其销售额和竞争力越会加快提高。在买方市场中，企业最核心的业务工作就是获得忠诚客户，而大客户是商家们必争的对象，拥有大客户越多，得到的利润也就越多。在信息化高速发展的今天，计算机行业竞争异常激烈。联想集团在完善大客户管理系统之后，市场占有率不断上升。联想是如何做到的呢？

计算机（PC）行业是目前公认的竞争最激烈的行业之一，企业间产品、质量和服务的差距越来越小，仅靠产品已经很难保证企业持久的竞争优势，因而大客户的关系营销能力在 PC 市场中扮演着重要角色。中国计算机行业的领导者非联想莫属，其在国内的市场占有率已连续多年排在第一位。虽然在 2002 年和 2003 年联想的大客户市场受到戴尔和惠普的强力冲击，导致其市场占有率一度下降，但经过迅速调整关系营销策略，2005 年联想迅速提升了大客户的市场占有率，达到历史最高点。

1. 建立阵容强大的大客户销售团队

中国幅员辽阔，人口众多，联想根据每个地区的实际情况进行区域划分，保证权力和任务的层层分配。客户经理是大客户业务的核心力量，是最接近大客户的销售代表，其拥有的资源最多。地区的销售代理商和经理助理可以直接联系客户经理，向其反映客户的交易情况。企业的行政人员和市场的服务可以为客户经理提供相应的帮助，而客户经理再向中央行业总监和业务总监汇报情况。代理商通过与客户经理的联系，与联想紧密地结合成营销共同体。客户经理为代理商提供了厂家资源，而代理商帮助客户经理打开了市场，获得更多的客户群。

2. 建立关系型营销渠道

渠道在大客户管理中起着举足轻重的作用。联想利用渠道数量多，贴近用户的优势，帮助分析大客户业务和规划大客户业务。对渠道客户经理，应进行大客户管理知识培训，加强其对大客户管理的能力，客户经理及其助理要与渠道客户经理团结在一起，组成一个强有力的销售团队。在较大项目上，商家可为信誉好的渠道提供时间较长的货款账期。电子商务应覆盖整个渠道，可以在互联网上直接根据客户的需求配置产品，了解相关产品的信息和市场竞争情况，然后通过销售渠道面对面地销售给客户。

3. 建立大客户关怀体系

很多小企业都会面临这种问题，随着企业客户经理的离开，企业的客户也被带走。这是由于很多企业与客户的沟通仅仅依靠客户经理，企业与客户没有直接交流，听不到客户的心声，不了解客户的需求，使得客户对客户经理产生单方面信赖造成的，因此，企业可通过组织一些交流会，让客户更多、更深入地了解企业状况。建立大客户关怀体系，让客户体会到企业的关怀和重视，感受到是在和企业合作，而不是同大客户经理单方面合作。因此就算是大客户经理辞职，新上任的客户经理可以依靠企业的力量，迅速接管客户，而不会造成业绩下降。

4. 建立联想商机系统

联想大客户管理的所有信息都要在商机系统记录在案，商机系统会提供很多种报表，企业利用基础数据形成管理报表。

联想之所以在大客户市场中获得成功，第一，对客户进行准确分析，通过 RADP 和 RFM 分析模型了解客户的交易能力和业务情况，能在发现问题时及时解决问题。第二，联想建立了专业的客户管理团队，使客户经理和客户保持密切联系，及时了解客户和市场的需求。第三，联想对渠道进行了改进，留优去劣，并通过电子商务系统、大客户经理和销售代理等方式，形成一个完整的、以大客户为核心的管理体系。企业还应建立大客户关怀体系，让客户体会到企业的关怀。第四，通过商机系统的数据报表为总监和客户经理提供策略上的帮助。联想的成功不是偶然的，而是通过对市场和客户进行认真分析，扬长避短，创新了管理模式，才得以实现。

资料来源：总裁学习网，http://www.cs360.cn/shichangyingxiao/khgl/goal/93466/ [2012-10-01].

【问题讨论】

结合本案例，讨论以下两个问题：

1. 如何建立大客户服务队伍？
2. 如何与大客户维持良好的关系，提高大客户的忠诚度？

参 考 答 案

一、单项选择题

1. B　　2. D　　3. A　　4. A　　5. C
6. C　　7. B　　8. D　　9. D　　10. B

二、多项选择题

1. ABDE　　2. ABCD　　3. BCDE　　4. ABCDE　　5. ABCD
6. ABCDE　　7. ABCDE　　8. ABCDE　　9. ABCDE　　10. ABCE

三、名词解释

核心客户：是指对企业具有特殊性的重要客户，这些客户能够为企业带来巨额收入或利润。核心客户包括大客户和一般老客户。

大客户：是指那些能给企业带来大利润的客户，对企业的生存与发展起着举足轻重的作用。

铂金层级客户：是指那些赢利能力最强的客户，他们对价格并不十分敏感，愿意花钱购买，愿意试用新产品，对企业最为忠诚。

大客户经理制：是指为实现经营目标所推行的组织制度，由客户经理负责对客户的市场营销和关系管理，为客户提供全方位、方便快捷的服务。

大客户战略联盟：是指企业从长远的战略目标考虑，为了企业和大客户之间的共同发展，通过资源共享、优势互补，结成一种长期的合作、发展关系。

四、简答题

1. 一般老客户是指企业的忠诚客户，具有以下特征：①曾接受过他人推荐的顾客，比只是因为接触广告而上门购买的人，更有忠诚的倾向。②那些以正常售价购买而非促销期间才采购的，较具忠诚度。③重复购买、惠顾公司提供的各种产品或服务系列。④对其他竞争者的促销活动有一定的免疫性。⑤信任品牌，并进行口碑宣传。

2. 核心客户与较差客户的区别在于，对于企业来说，核心客户就是其最佳顾客，这些客户会这样做：①让企业做其擅长的事。②认为企业做的事情有意义，并愿意购买企业的产品。③通过向企业提出新的要求，提高企业职员的技术或技能。④带企业走向与战略和计划一致的新方向。

而较差的客户，则会做相反的事：①让企业做那些企业做不好或做不了的事情。②分散企业的注意力，使其改变方向，与企业的战略和计划脱离。③只买很少一部分产品，却使企业消耗的成本远远超过他们可能带来的收入。④要求很多的服务和特别的注意，以至于企业无法把精力放在更有价值且有利可图的客户身上。⑤尽管企业已尽了最大努力，但他们还是不满意。

3. 企业和客户之间的关系是经常变动的，企业要尽力维持这种客户关系以便展开销售，使客户的价值最大化。具体方法如下：①企业必须保持与客户的沟通，并不断建立起品牌转换壁垒，使客户不愿意或者不转换购买或选择其创始品牌的产品或服务。②企业的产品策略要根据客户的需求不断升级。③与客户建立起学习型关系，不断增强双方的了解和信任程度。④企业必须对核心客户进行跟踪和了解，发现并尽力满足核心客户的多种需求。⑤企业要让核心客户得到比较明显的好处，从而使他知道，如果他重新选择另一个商家，可能得不到这种好处。

4. 大客户战略联盟是指企业从长远的战略目标考虑，为了企业和大客户之间的共同发展，通过资源共享、优势互补，结成一种长期的合作、发展关系。通过战略联盟，企业可以充分利用大客户的资金、技术、管理及市场营销能力、知识等资源，迅速增强自身的实力和竞争力。大客户战略联盟需要掌握以下几个方面：①实行大客户的系统化管理。②帮助大客户发展业务。③互相合作，资源共享。④明确和大客户联盟的方式。

5. 竞争日趋激烈，非价格因素取代价格因素成为影响大客户忠诚度的重要因素。影响大客户忠诚度的非价格因素有：①完美的采购经历。②"理念"。企业在销售过程中应当鲜明地体现企业的服务理念。③真正的互动。企业要尽力去了解不同客户的具体情况，以便有针对性地提供优质的服务。④优质的服务。⑤客户的参与决策权。重视客户、尊重客户是赢得客户忠诚度的先决条件。使大客户参与企业决策是对客户表示尊重的最佳途径。⑥关系质量。企业应提高关系质量，与客户建立、保持并发展长期关系。⑦产品差异化。

6. 提高大客户忠诚度的策略：①优先保证大客户的货源充足。②充分调动大客户中的一切与销售相关的因素，提高大客户的销售能力。③新产品的试销应首先在大客户中进行。④充分关注大客户的一切公关及促销活动、商业动态，并及时给予支援或协助。⑤安排企业高层主管对大客户的拜访工作。⑥根据大客户不同的情况，和每个大客户一起设计促销方案。⑦经常性地征求大客户对营销人员的意见。⑧对大客户制定适当的奖励政策。⑨保证与大客户之间信息传递的及时性、准确性，把握市场脉搏。⑩组织每年一度的大客户与企业之间的座谈会。

五、论述题

1. 答题要点

（1）80/20法则。早在19世纪末，意大利著名的经济学家和社会学家帕累托研究英国人的收入分配问题时发现，大部分财富流向小部分人一边，还发现某一部分人口占总人口的比例与这一部分人所拥有的财富的份额，具有比较确定的不平衡的数量关系。而且，进一步研究证实，这种不平衡模式会重复出现，具有可预测性。经济学家把这一发现称为"帕累托收入分配定律"。现实生活中确实大量存在"帕累托现象"，我们称为"80/20法则"。"80/20法则"揭示了一个道理：一小部分原因、投入和努力，通常可以产生大部分结果、产出或收益；反过来看，人们所付出的绝大部分努力，实际上与既定目标成果无关。将"80/20法则"运用到客户管理中，企业起码应该得到三点启示：其一，明确自己企业的20%客户；其二，明确应该采取什么样的倾斜性措施，以确保20%客户的业务取得重大突破；其三，抓住重点客户，带动中小客户。企业可以依照客户的重要性，采取相应的服务手段和优惠措施，巩固20%的优良客户；同时要注意捕捉80%客户中的潜在客户，促使他们向20%的优良客户转化，从而提高企业客户的管理能力。

（2）ABC分类法。1951年，管理学家戴克将"帕累托收入分配定律"（即"80/20法则"）应用于库存管理，命名为ABC法。1951～1956年，朱兰将ABC法引入质量管理，用于质量问题的分析，被称为排列图。1963年，美国著名的管理大师德鲁克将这一方法推广到全部社会现象，使ABC法成为企业普遍应用的、提高效益的管理方法。ABC企业营销管理的内容是：企业在对某一产品的顾客进行分析和管理时，可以根据用户的购买数量将用户分成A类用户、B类用户和C类用户。由于A类用户数量较少，购买量却占公司产品销售量的80%，企业一般会为A类用户建立专门的档案，指派专门的销售人员负责对A类用户的销售业务，提供销售折扣，定期派人走访，采用直接销售的方式。而对数量众多，但购买量很小、分布散的C类用户，则可以采取利用中间商、间接销售的方式。

2. 答题要点

（1）双赢策略的目标：真正的双赢策略营销是以达到合作双方互利互惠的境界为目的。实行输赢策略的企业往往与客户利益完全对立起来，有时会导致双输的结果。

（2）双赢策略的实施：①双赢策略要求建立专门的管理部门。②双赢策略营销必须建立一个反馈系统，用以联结双方的关系。③双赢策略营销的动态应变性。

六、案例分析题

结合案例材料并参考教材中的相关内容作答，具体答案从略。

第6章 客户服务关系管理

考核内容

识记：客户关系的基本含义。
领会：客户关系的建立、客户关系维护以及客户挽留的基本原理。
应用：结合具体案例分析如何进行客户关系管理，对CRM系统有初步认识。

一、客户关系的建立

（一）制订客户发展计划

（1）制订客户发展计划的目的。

（2）客户发展计划的制订过程，包括信息收集、分析客户、分析竞争者以及分析自己的状况。

（3）制订行动计划。

（二）客户开发工作的内容

（三）发现客户线索

发现客户线索的定义：发现客户线索是指针对目标客户群进行有计划的搜寻与分级，对可能的客户进行识别和接触，以找出成熟客户或值得长期经营的潜在客户的系列行动。

（四）与客户进行有效沟通

（五）把握客户的心理与需求

客户针对某一特定需求表现在三个方面：

（1）客户表达的外在需求；

（2）客户必需的实际需求；

（3）需求背后的隐性需求。

（六）制定有效的客户进入策略

（1）掌握有效影响客户关键人的渠道，确立客户进入策略。

（2）针对客户关键人攻关，有效进入客户。

（3）扩大进入客户的策略。

（七）获得客户承诺

（1）获得客户承诺的核心前提是能够向客户提供专业服务，真正能帮助客户解决问题，为客户创造价值。

（2）要获得客户的承诺，企业应该做到：①了解行业；②了解客户；③了解竞争对手；④掌握资源；⑤有明确的销售目标与计划；⑥掌握专业销售技巧；⑦良好的客户沟通；⑧良好的个人魅力；⑨保持良好的个人形象。

（八）售前支持

主要的售前支持包括：①售前拜访支持；②协助项目信息收集；③产品演示与项目建议书支持；④招投标支持；⑤商务谈判支持；⑥工程实施支持；⑦项目结项支持。

二、客户维护

(一) 客户维护的价值

客户维护的价值主要体现在七个方面：
(1) 通过客户维护，实现对客户资源的有效管理和利用；
(2) 通过客户维护，合理使用与客户有关的资源；
(3) 通过客户维护，扩大企业的销售；
(4) 通过客户维护，降低企业的成本；
(5) 通过客户维护，改善服务，提高效率；
(6) 通过客户维护，实现企业对外平台的统一化；
(7) 通过客户维护，对企业进行优化配置。

(二) 客户维护的原则

(1) 动态管理。
(2) 突出重点。
(3) 灵活运用。
(4) 专人负责。

(三) 维护客户关系的步骤

步骤包括做好客户维护的准备工作、确定维护的方式（可以选择信函、电话、拜访、展会、技术交流、商务活动、参观考察等方式）、负责实施以及评价客户维护的结果。

(四) 制订客户维护计划

客户维护计划包括保持客户关系计划、客户关系维护计划书、主要成绩、问题和风险等方面的内容。

(五) 制定客户回访制度

制定客户回访制度，包括制订回访计划、撰写回访提纲、制定回访日程安排、进行回访过程管理，并注意恰当的回访技巧。

三、客户挽留

基于客户流失的原因，我们可以将客户流失分为四种类型：自然流失、恶意流失、竞争流失和过失流失。

客户挽留的四种类型：①挽留忠诚的客户；②挽留濒临流失的客户；③挽留高价值的客户；④挽留满意度不高的客户。

四、客户关系管理

(一) 客户关系管理的定义

客户关系管理是企业为提高核心竞争力,达到竞争制胜、快速成长的目的,开展判断、选择、争取、发展和保持客户需要的全部商业过程。客户关系管理由来已久,只要有商业行为就会有客户关系管理。

(二) 客户关系的类型

科特勒曾经区分了企业与客户之间的五种不同程度的关系,包括基本型、被动型、负责型、能动型、伙伴型。企业对客户关系进行管理或改进的趋势,应当朝着为每个客户提供满意服务并提高边际利润水平的方向转变。

(三) 客户关系管理的作用

(1) 客户管理统一化;
(2) 提高客户管理能力;
(3) 实现企业目标;
(4) 提高企业竞争力;
(5) 提供协同互动的平台。

(四) 客户关系管理的功能

(1) 客户的信息管理;
(2) 市场营销管理;
(3) 销售管理;
(4) 服务管理和客户关怀。

五、CRM 系统介绍

(一) CRM 的概念

(1) 客户关系管理(customer relationship management,CRM),从字面意思上看,客户关系管理是指事物之间相互作用、相互影响的状态;人与人或人与事物间某种性质的联系。CRM 是选择和管理有价值客户及其关系的一种商业策略。

(2) CRM 的核心思想是"以客户为中心",提高顾客满意度,改善客户关系,从而提高企业的竞争力。

(3) CRM 是一个辨识、获取、保持和增加可获利客户的方法与过程。

(4) CRM 的根本目的是通过不断改善客户关系、互动方式、资源调配、业务流程和自动化程度等,达到降低运营成本,提高企业销售收入、客户满意度和员工生产力的目的。

(二) 使用客户关系管理系统的好处

(1) CRM 能够整合客户、企业、员工资源,优化业务流程。

(2) CRM 可以提高企业与员工对客户的响应、反馈速度和应变能力。

(3) CRM 能够提高企业销售收入。

(4) CRM 能够改善企业服务，提高客户满意度。

（三）CRM 应用系统的分类

1. 操作型 CRM

操作型 CRM 的目的是为了让销售部、客户服务部、市场营销部等部门的人员在日常的工作中能够共享客户资源。

2. 分析型 CRM

分析型 CRM 从操作型 CRM 系统应用所产生的大量交易数据中提取各种有价值的信息，通过一系列的分析方法或挖掘工具，对将来的趋势做出必要的预测或寻找某种商业规律，是一种企业决策支持工具。

3. 协作型 CRM

协作型 CRM 主要由呼叫中心、客户多渠道联络中心、帮助台以及自助服务帮助导航等功能模块组成，由企业客户服务人员和客户共同参与。

（四）CRM 系统的体系结构

完整的 CRM 系统应包括以下四大分系统：①客户协作管理分系统；②业务管理分系统；③分析管理分系统；④应用集成管理分系统。

（五）CRM 的五个关键内容

CRM 的关键内容包括客户服务、销售、市场营销、共享的客户资料库和分析能力五个方面。

六、CRM 系统的实施

（一）CRM 的实施原则

CRM 实施的基本原则：从业务流程重构开始，通过改革和流程再造，整合内部资源，建立适应客户战略的、职能完整、交流通畅、运行高效的组织机构。

在 CRM 实施的基本原则基础上可具体到五个原则：①战略重视；②长期规划；③开放运作；④系统集成；⑤全程推广。

（二）CRM 实施步骤

(1) 确立业务计划；

(2) 建立 CRM 团队；

(3) 分析客户需求、开展信息系统初建工作；

(4) 评估销售、服务过程，明确企业应用需求；

(5) 计划好实施步骤，为 CRM 不同级别系统设置优先级，渐进推进；

(6) 选择合适的方案，投入资源，开发部署；

(7) 组织用户培训，实现应用系统的正常运转；

(8) 使用、维护、评估和改进。

(三) CRM 使用

(1) 从关键股东出发，制定宽泛的 CRM 策略；

(2) 预想公司的 CRM 策略；

(3) 确定和区分 CRM 启动与需求的优先次序；

(4) 制订一张 CRM 路线图；

(5) 确定如何、何时、何地，CRM 工具需要与其他应用系统进行整合；

(6) 做功课和创建一个已缩减的清单；

(7) 在选择过程中利用 80/20 法则；

(8) 让每个人都行动起来；

(9) 学习、调整和扩展。

重点和难点

本章应掌握的主要知识点包括：(1) 掌握客户关系建立的方法；(2) 掌握客户关系维护的价值、原则和维护的方法等；(3) 理解客户存在的价值及挽留客户的方法；(4) 了解客户关系与客户服务关系管理之间的关系；(5) 了解 CRM 系统以及了解 CRM 系统的实施。

同步综合练习题

一、单项选择题

1. 新产品解决方案的最佳潜在客户是（　　）。
   A. 普通客户　　　　　　　　B. 既有客户
   C. 新兴客户　　　　　　　　D. 待开发客户
2. 常规性进入客户的途径一般是（　　）。
   A. 销售—采购人员—有影响的人—决策者
   B. 采购人员—销售—决策者—有影响的人
   C. 决策者—采购人员—有影响的人—销售
   D. 有影响的人—采购人员—销售—决策者
3. 企业价值的源泉是（　　）。
   A. 高附加值产品　　　　　　B. 有能力的决策者
   C. 庞大的销售网络　　　　　D. 客户
4. 如果产品或服务的边际利润水平很低，客户数量极其庞大，那么企业会倾向于采用的客户关系类型是（　　）。
   A. 被动型　　　　　　　　　B. 负责型
   C. 伙伴型　　　　　　　　　D. 基本型
5. 客户关系管理的出发点是（　　）。
   A. 稳定的客户关系　　　　　B. 建立复杂的客户网络
   C. 开发大量的潜在客户　　　D. 简化企业的管理程序
6. 最早开始发展客户关系管理（CRM）的国家是（　　）。
   A. 日本　　　B. 德国　　　C. 美国　　　D. 英国
7. 下列哪一个系统不需要直接与客户打交道？（　　）
   A. 操作型 CRM　　　　　　B. 分析型 CRM
   C. 协作型 CRM　　　　　　D. 服务型 CRM
8. "协作型 CRM"的共同参与者包括（　　）。
   A. 采购人员和决策者　　　　B. 采购人员和销售人员
   C. 企业客户服务人员和客户　D. 企业客户服务人员和决策者
9. CRM 的三大功能支柱包括市场营销、客户服务和（　　）。
   A. 销售　　　B. 信息　　　C. 客户　　　D. 沟通
10. CRM 实施的基本原则是（　　）。
    A. 从业务流程重构开始　　　B. 搭建与客户沟通的平台
    C. 提升产品质量　　　　　　D. 为决策者搜寻足够信息

二、多项选择题

1. 对于客户而言，针对其某一特定需求可以表现在哪几个方面？（　　）
   A. 客户表达的外在需求　　　B. 客户必需的实际需求

C. 非功能需求 D. 需求背后的隐性需求
E. 客户的业务需求
2. 客户维护的价值主要体现在（   ）。
   A. 实现对客户资源有效的管理和利用
   B. 合理使用与客户有关的资源
   C. 对企业进行优化配置
   D. 扩大企业的销售，降低企业的成本
   E. 改善服务，提高效率，实现企业对外平台的统一化
3. 维护客户关系的原则包括（   ）。
   A. 动态管理 B. 突出重点
   C. 灵活运用 D. 专人负责
   E. 信息收集
4. 客户维护的方式主要包括（   ）。
   A. 信函 B. 拜访 C. 展会 D. 商务活动
   E. 电话
5. 客户流失可以分为以下哪几种类型？（   ）
   A. 自然流失 B. 价格流失
   C. 恶意流失 D. 竞争流失
   E. 过失流失
6. 下列哪些行为属于企业面对激烈的市场竞争时的"进攻策略"？（   ）
   A. 企业集中力量，改进产品、服务质量
   B. 提高产品声誉
   C. 加强品牌优势
   D. 企业实行优惠价格，保持和巩固现有市场
   E. 企业放弃某种产品，腾出资源，开发新产品，开辟新市场
7. 科特勒曾经把企业与客户之间的关系水平分成哪几种类型？（   ）
   A. 基本型 B. 被动型
   C. 负责型 D. 伙伴型
   E. 能动型
8. 客户关系管理的作用主要包括（   ）。
   A. 客户管理统一化 B. 提高客户管理能力
   C. 实现企业目标 D. 提高企业竞争力
   E. 提供协同互动的平台
9. 一个完整的 CRM 系统应包括（   ）。
   A. 信息管理分系统 B. 客户协作管理分系统
   C. 业务管理分系统 D. 分析管理分系统
   E. 应用集成管理分系统
10. CRM 的关键内容包括（   ）。
    A. 客户服务 B. 销售

C. 市场营销 D. 共享的客户资料库
E. 分析能力

三、名词解释

发现客户线索　　售前支持工作　　客户维护计划　　客户挽留
一对一营销　　客户关系管理

四、简答题

1. 简述客户开发的内容。
2. 针对客户的某一特定需求可以表现在哪些方面？
3. 简述客户维护的价值。
4. 简述挽留高价值客户的策略。
5. 简述客户关系管理的功能。
6. 简述使用客户关系管理系统（CRM）的好处。

五、论述题

1. 试述建立客户流失预警机制的主要步骤。
2. 试述 CRM 的主要实施步骤。

六、案例分析题

德国麦德龙现购自运制商场

德国麦德龙集团（METRO）是当今欧洲第三、世界第五的贸易和零售集团，拥有六大独立销售业态，其中，麦德龙现购自运制公司（METRO.CC）最具竞争力和特色，其销售额约占集团销售额的50%，居全球各大现购自运制商业集团之首，拥有绝对优势。麦德龙集团在中国投资建成的锦江麦德龙现购自运有限公司已经在中国开设了26家现购自运制商场，进入中国短短十年时间，吸纳会员300余万人，并日益庞大。

麦德龙面对的消费群不是个人和家庭，而是通过会员制的形式，锁定具有批量购买能力的终端零售商和机关事业单位。

基于会员制的现购自运制成功的关键因素之一，在于其强大的客户关系管理系统，扎实到位的数据分析技术大大领先于本土竞争对手。GMS客户管理和商品查询系统与客户开发部门（CC），乃至整个商场的高度整合，很大程度上促成了麦德龙的成功。

GMS 客户管理和商品查询系统领先同行

全球所有的麦德龙现购自运商场均采用向ORACALE公司订制开发的"GMS客户管理和商品查询系统"，由计算机对客户数据和商品销售情况及库存数据进行管理和控制，能根据历史资料自动预测销售、制订采购计划，产生订单，功能强大，在全球零售贸易集团中仅次于沃尔玛的决策支持系统，为开展全面的客户关系管理提供了强有力的信息支持。各个商场都设置了EDP计算机部门，负责对GMS系统进行日常维护。研究报表是各级管理阶层主要的日常工作内容之一。

由GMS系统生成的各种年度、季度、月度、周、日销售报表，包括库存报表、各时期销售总计报表、各时期分类销售统计报表、各年同期各类商品销售对比报表、各年同期分类客户数和账单数对比报表、各时区横向和纵向销售对比报表、修正报表、商品修改列表，等等，从多角度将数据整合成为有用的信息，是商场及总部预测需求、适应变化、为客户提供及时应变商品和服务的重要依据。

GMS 客户管理系统界面包括客户单位编号、名称、地址、电话号码、传真号码、持卡人姓名、开卡日期、所属客户种类、购买各类商品金额的各年度统计、详细购买记录等情况。

GMS 商品查询系统界面包括商品编号、商品描述、供应商编号、供应商描述、价格、到货日期、到货数量、总销售量、库存、增值税率、是否处在广告期、是否专卖商品、是否零售商品、是否限制商品、最小起订数量（重量、体积）、有效天数、所属销售部门、种类及订货建议等详细信息。

客户的每次购买行为由 POS 扫描商品条码为驱动都自动记录在系统当中，库存等动态商品数据，相关购买信息自动生成，进入商品管理系统，同时生成客户购买信息，将金额、种类记入该客户的购买统计数据中。

由于 GMS 系统在商场各部门、各商场、各区域总部、国家总部及德国总部之间实时相连，且一般有英语及所在国语言两个版本，因此查看数据非常方便，更便于集团高层掌握与控制全局。

人与系统充分协调

人工与自动系统充分协调配合，麦德龙现购自运制商场的客户开发部门以 GMS 系统为支撑，不仅起到信息桥梁的作用，更注重以尽可能低的价格为专业客户提供高质量商品及系统商业方案的管理宗旨，充分体现与专业客户共同发展，创造双赢的先进客户关系管理思想，不同于其他商场的类似部门。

客户开发部门（CC）是麦德龙现购自运制商场进行客户关系管理的重要门户，为充分保障 GMS 系统更有效地进行客户关系管理，麦德龙的客户开发人员每天都会在外出拜访客户之前调用《ME600 表》，查看该客户在商场的历史消费记录，包括消费时间统计、种类统计、金额统计、最大成交额等，并结合商场该时期内商品价格为客户事先制订一个推荐采购计划，往往主动、及时地满足了客户需要。对于大宗客户，GMS 系统有更为详细的销售统计和分析技术。除此之外，客户开发人员每天、每周、每月、每年都要依据 GMS 实时生成的各种销售报表制订详尽的客户开发计划，客户开发部门密切注视各种类、各时区和路段客户的销售增幅，随时调整计划。每天工作结束，客户开发人员要根据拜访情况填写各种表格来更新 GMS 系统中的客户资料数据和销售建议，并提供有针对性的服务和信息支持。

麦德龙还积极建立稳定的信息渠道，通过电话拜访、咨询员专访、邮寄麦德龙邮报、信件联络、客户交流会等形式促进信息反馈，了解市场，修正其经营策略和管理决策。

资料来源：http://abc.wm23.com/fengman/103804.html [2014-03-15].

【问题讨论】

结合本案例，讨论以下问题：

谈谈你对客户关系管理作用的认识。

参 考 答 案

一、单项选择题

1. B 2. A 3. D 4. D 5. A
6. C 7. B 8. C 9. A 10. A

二、多项选择题

1. ABD 2. ABCDE 3. ABCD 4. ABCDE 5. ACDE
6. ABC 7. ABCDE 8. ABCDE 9. BCDE 10. ABCDE

三、名词解释

发现客户线索：是指针对目标客户群进行有计划的搜寻与分级，对可能的客户进行识别和接触，以找出成熟客户或值得长期经营的潜在客户的系列行动。

售前支持工作：是指从技术角度帮助客户在产品选择中做出最适合的选择，通过举办展览、研讨会、产品演示、样品提供、应用案例分析等形式的售前支持，为市场人员、销售人员和客户提供产品的专业、技术、功能介绍，使客户全面了解产品的方方面面，深度挖掘客户潜在需求，为客户解决问题，进而促进客户的购买决策的工作。

客户维护计划：是指在对客户销售、实施和服务过程中，为保持平衡增长和定义公司价值，确认机会并规划资源，达成有效竞争，而制订的配合客户关系推进进程，规定在时间、计划、阶段任务和目标、人员组织、工作任务分配、资源配置、业务准备、行动计划等方面的关系维护计划。

客户挽留：是指对已流失的客户采取挽留措施，最大限度地使客户由不满意变为满意，由不信任到信任，最终赢回客户。

一对一营销：就是企业根据客户的特殊需求来相应调整自己的经营行为，它要求企业与每一个客户建立一种战略伙伴关系。

客户关系管理：是指企业为提高核心竞争力，达到竞争制胜、快速成长的目的，开展判断、选择、争取、发展和保持客户需要的全部商业过程。

四、简答题

1. 客户开发工作的内容主要有以下五点：

(1) 客户线索寻找，及时掌握客户尽可能多的项目信息，建立强大的项目获取渠道，增加市场覆盖率。

(2) 评估销售机会，尽量搜集和明确客户的需求、项目/采购进度表、预算、竞争决策和优先评估项等关键评估元素。

(3) 通过客户分析，判断项目是否符合公司的战略规划、市场定位以及产品与技术的经营方向。

(4) 判断客户属于 A 级、B 级、C 级、D 级的哪一级别，明确客户的类型，填写客户跟进表。

（5）通过客户开发，提高现有客户的使用率，增加新客户的市场占有率，保持新客户的增长，稳步提升公司的经营业绩。

2. 针对客户的某一特定需求可以表现在以下三个方面：

（1）客户表达的外在需求，即客户直接表现出的所需要解决的问题，完成某项任务所需要的产品与服务等。

（2）客户必需的实际需求，即客户为解决某个问题或完成某项任务，所必须具备的产品与服务或解决方案。

（3）需求背后的隐性需求，即往往不容易被注意，但将直接影响到客户对外在需求与实际需求决策的需求，包括这个问题对成本产生什么影响、这个问题是否影响质量、这个问题会使你进入市场的时间慢下来吗、解决这一问题对你增加市场份额有什么影响等。

3. 客户维护的价值主要体现在下列七个方面：

（1）通过客户维护，实现对客户资源的有效管理和利用。有效的客户维护将管理最为全面的客户信息，使高层决策人员和基层作业人员都能及时了解到属于自己管辖范围内的客户群体。

（2）通过客户维护，合理使用、统一规划与客户有关的资源，使企业职能部门之间的工作职责清晰，层次分明。

（3）通过客户维护，扩大企业的销售。通过对客户的实时跟踪，分析可能给企业带来新的价值的销售机会，实现交叉销售和辐射销售。

（4）通过客户维护，降低企业的成本。客户维护的运用使得团队销售的效率和准确率大大提高，服务质量的提高也使服务时间和工作量大大减少，这些都无形中降低了企业的运营成本。

（5）通过客户维护，改善服务，提高效率。通过客户维护可以向客户提供更主动的客户关怀，如根据销售和服务历史提供个性化的服务，在知识库的支持下向客户提供更专业化的服务等。

（6）通过客户维护，实现企业对外平台的统一化。客户维护要求企业将原来分散的力量和资源集结到客户团队上来，而这个客户团队就是客户与企业交流所需要面对的唯一平台。这样可以大大降低客户与企业交流所需要经历的步骤，从而找到与企业之间的最短的一条直接沟通渠道。

（7）通过客户维护，对企业进行优化配置。在客户维护统一的战略思路下，企业可以为客户提供多产品的组合和个性化的解决方案，为企业带来附加价值。

4. 企业要防止高价值客户流失，最根本的做法是提升客户的满意度，通过建立战略合作伙伴关系，形成长久合作机制；通过策略化运作，稳固日常合作关系。

具体来说，挽留高价值客户的主要策略如下：

（1）提升整合服务能力。这包括量身打造服务模式、建立服务沟通平台、开通客户服务便利措施、强化基本服务、提供增值服务、建设企业服务文化、提供完善的服务解决方案等。

（2）采取最适应的销售模式。这要求企业最大化地接近客户，掌握客户需求，制定最适应的销售模式,如顾问式销售、定制营销等。

(3)建立信息管理系统。围绕客户进行客户发展分析、客户价值分析、客户行为分析、客户服务分析、客户流失分析、客户贡献分析、客户满意度分析、一对一客户分析等工作,把握客户动态。

(4)建立全方位沟通体系。应定期或不定期地主动上门征求客户意见,发现客户的潜在需求并及时解决;要加强与客户间的感情交流,努力与客户建立相互信任的朋友关系及互利双赢的战略伙伴关系。

(5)实现一对一营销。根据客户的特殊需求来相应调整自己的经营行为。

(6)建立与推行客户关系维护计划。与客户关键人建立紧密的关系,制订工程实施阶段的客户关系维护计划,保持长久合作。

5. 客户关系管理具有四大功能:

(1)客户的信息管理。通过对客户信息的不断登记,不断进行整理,并且通过分析来提前发现客户的需求,这样才是高效的客户信息管理。

(2)市场营销管理。这包括市场调研、市场细分、目标市场和市场定位。

(3)销售团队管理。销售团队的管理分为业务管理和团队管理。

(4)服务管理和客户关怀。服务管理是对客户服务进行全面管理,追踪服务进程,实施客户关怀。服务管理一般包括服务任务管理、服务跟踪、客户关怀、服务知识库、客户反馈/投诉、产品缺陷登记等功能。

6. 使用客户关系管理系统主要包括以下几个方面的好处:

(1) CRM 能够整合客户、企业、员工资源,优化业务流程。

(2) CRM 可以提高企业、员工对客户的响应、反馈速度和应变能力。

(3) CRM 能够提高企业销售收入。

(4) CRM 能够改善企业服务,提高客户满意度。

五、论述题

1. 答题要点:①收集客户信息;②综合分析;③识别客户流失的预警信号;④建立有效的客户流失预警体系。

2. 答题要点:①确立业务计划;②建立 CRM 团队;③分析客户需求、开展信息系统初建;④评估销售、服务过程,明确企业应用需求;⑤计划好实施步骤;⑥选择合适的方案,投入资源,开发部署;⑦组织用户培训;⑧使用、维护、评估和改进。

六、案例分析题

结合案例材料并参考教材中的相关内容作答,具体答案从略。

第7章 客户服务培训

 **考核内容**

识记：员工培训。
领会：员工压力缓解。
应用：根据实际情况，掌握员工心理活动，能对员工心理变化及时做出反应，缓解员工心理压力。

一、员工培训

(一) 培训是一门科学

培训员工有以下技巧值得借鉴：①制订培训方案；②让领导和高层管理人员参与；③强调员工的贡献；④激励员工的技巧。

(二) 尊重客户

诚信即言行一致，言必行，行必果。诚信是增加感情尊重的至关重要的组成部分，也是将你推崇的尊重落实到具体顾客身上，让顾客感受到尊重的重要方式。

(三) 向客户学习

企业应该致力于与顾客建立起"学习型关系"，为顾客建立起一种退出壁垒。因此，在进行员工培训时，应该将重点放在以下几个方面：

(1) 个性化营销。

(2) 注重与顾客交流。

(3) 寻找有利可图的顾客。可以按照"购买十分位分析"法，明确三类最有营利性的顾客群：①给公司带来10%的销售量，能给公司带来最多赢利的顾客；②占公司销售额和销售利润40%~50%的顾客；③虽然能带来利润，但却正在失去价值的顾客。

(4) 数据分析细分顾客群。可运用数据分析的六种模型——分类、回归、时间序列、分组、联合分析和序列发现来描述客户并做出预测。

(四) 真正做到顾客至上

二、员工压力的缓解

(一) 应对压力的基本原则

国际上比较流行的减压原则是"3R原则"，即放松（relaxation）、缩减（reduction）、重整（reorientation）。

除了运用"3R原则"，客服人员还有以下应对压力的方法：

(1) 多从积极正面的角度考虑问题；

(2) 时时把自己当人看；

(3) 要有自己的社会支持系统；

(4) 培养自己的放松技巧（包括呼吸松弛法、意念松弛法、小憩等）。

(二) 掌握有效的交往手段，避免压力的产生

(1) 文明守礼；

(2) 适当反馈信息；

(3) 说话果断自信；

(4) 使用"我"词汇，意味着客服人员肯负责任；

(5) 善于表达自己。

(三) 提高情商，减缓压力

情商是指人对自己的情感、情绪的控制管理能力和在社会人际关系中的交往、调节能力。

戈尔曼将情商概括为以下五个方面的能力：
(1) 了解自我（监控情绪变化的能力是自我理解与心理领悟力的基础）；
(2) 管理自我；
(3) 自我激励；
(4) 识别他人情绪，即移情（移情是最基本的人际关系能力）；
(5) 处理人际关系。

(四) 减轻压力的技巧

这些技巧包括：①自我心态的调整；②不断提高自我能力；③合理高效地利用时间；④避免拖沓；⑤按优先顺序安排工作；⑥制订切实可行的计划；⑦适时休息；⑧提高自身素质；⑨不要含糊不清；⑩降低个人压力程度；⑪积极的自我对话；⑫变更你的活动；⑬获得更多的睡眠；⑭培养业余爱好；⑮休息时幽默一下；⑯成为一位现实主义者；⑰精神畅游；⑱微笑。

(五) 从公司管理方面帮助员工减轻压力或预防压力

(1) 优化企业管理水平，减缓心理压力；
(2) 改善工作环境，减轻工作条件恶劣给服务人员带来的压力感；
(3) 加强员工心理素质的培养和训练，增强职工的心理承受能力；
(4) 创设心理疏泄空间，使员工心理压力合理释放；
(5) 鼓励并帮助服务人员提高心理保健能力，学会自我调节；
(6) 引入心理引导机构，定期进行心理疏导。

三、个性化服务

(一) "个性化服务"的提倡

人们的消费观念和消费方式经历了从基本消费时代到理性消费时代，直到目前的感性消费时代三个重要阶段。感性消费时代最大的特点，首先是人们在购买商品时常常诉诸情感，其次是逐渐摒弃了"从众心理"而转向"求异心理"。因此，"个性化服务"被提倡。

(二) "个性化服务"的策略

(1) 与顾客结盟。拜顾客为师，加强市场信息搜集。
(2) 实施供应链管理。SCM 能够通过分享信息和共同计划使整体物流效率得到提高。在本质上，它是从每一个独立参与者进行存货控制，变为一种渠道整合和管理，变单个企业为顾客提供服务，结成一个"个性化服务链"。

（3）以"网"取胜。网络的出现，是规模化个性服务的基础。

重点和难点

本章应掌握的主要知识点包括：（1）掌握培训员工的技巧；（2）理解客户对于公司和员工自身发展的重要性；（3）了解如何应对客户投诉；（4）掌握如何缓解员工压力从而向顾客提供优质服务；（5）掌握在个性化服务中取胜的谋略。

同步综合练习题

一、单项选择题

1. 在很多情况下，企业将为顾客送去他们需要的产品，而不是让顾客自己寻购产品。企业记得客户并经常与客户进行交流，从而了解客户，进而能为客户提供一些竞争对手不能提供的服务。我们把企业与顾客的这种关系称为（　　）。
   A. 学习型关系　　　　　　　　B. 互信型关系
   C. 互惠型关系　　　　　　　　D. 目的型关系

2. 企业把顾客划分为十等份，分析某一段时间内每10%的顾客对总利润和总销售额的贡献率，这种方法被称为（　　）。
   A. 顾客十分位分析　　　　　　B. 货币十分位分析
   C. 帕累托分析　　　　　　　　D. 贡献率分段分析

3. 企业顾客关系管理营销的首要目标是（　　）。
   A. 占公司销售额和销售利润40%~50%的顾客
   B. 能给公司带来10%销售量，能给公司带来最多赢利的顾客
   C. 能为企业带来利润，但却正在失去价值的顾客
   D. 最忠诚于企业的顾客

4. 运用数据分析来解决商业问题有六类模型：分类、回归、时间序列、分组、联合分析和序列发现。其中，分类和回归模型的主要用途是（　　）。
   A. 发现数据的规律　　　　　　B. 描述数据库中的行为模式
   C. 预测　　　　　　　　　　　D. 记录数据

5. 国际上比较流行的减压原则是"3R原则"，即放松、缩减和（　　）。
   A. 倾诉　　　　　　　　　　　B. 修复
   C. 自信　　　　　　　　　　　D. 重整

6. 作为企业员工，如果面对情绪很差的客户，最好的方法是（　　）。
   A. 不做出任何反应，让其尽情发泄　　B. 耐心开导客户
   C. 换位思考，表达与客户相同的感受　D. 从积极的方向引导客户

7. 有一种是最基本的人际关系能力，具有这种能力的人，能通过细微的社会信号，敏锐地感受到他人的需求与欲望，该能力是（　　）。
   A. 尊重他人的能力　　　　　　B. 理解能力
   C. 移情能力　　　　　　　　　D. 沟通能力

8. 现代营销学认为，随着社会的进步，人们的消费观念和消费方式经历了从基本消费时代到理性消费时代，直到目前的（　　）。
   A. 节俭消费时代　　　　　　　B. 多元化消费时代
   C. 个性化消费时代　　　　　　D. 感性消费时代

9. 亚马逊网上销售公司研究每一位顾客买过的书，然后根据读者的特点通过互联网向个人推荐新书。这种策略被称作（　　）。
   A. 个性化服务　　　　　　　　B. 多元化销售

C. 便利性策略　　　　　　　　D. 低成本策略

10. 美国莱维公司通过电子数据交换系统，收集到主要零售商西尔斯公司销售的牛仔裤尺寸和型号，通过计算机网络向纤维织布供应商米利肯公司订购制造这些牛仔裤的纤维织布。接着，米利肯公司又向其纤维供应商杜邦公司订购一定数量的纤维织布。所有参与者都运用先进的网络得到销售信息，生产出即时销售的产品。这种方法被称作（　　）。

　　A. 与顾客结盟　　　　　　　　B. 实施供应链管理
　　C. 个性化服务　　　　　　　　D. 企业资源规划

二、多项选择题

1. 培训作为一门科学，有以下哪些值得借鉴的技巧？（　　）
　　A. 制订培训方案　　　　　　　B. 领导和高层管理人员参与
　　C. 强调员工的贡献　　　　　　D. 激励员工　　E. 培训员工做定期总结

2. 在对员工进行服务培训时，重点应该放在（　　）。
　　A. 个性化营销　　　　　　　　B. 注重与顾客交流
　　C. 寻找有利可图的顾客　　　　D. 员工价值观培训
　　E. 数据分析细分顾客群

3. 全部的营利性关系顾客可以划分为（　　）。
　　A. 给公司带来最大赢利的顾客
　　B. 带来可观利润并且有可能成为公司最大利润来源的顾客
　　C. 能给公司带来10％销售量的顾客
　　D. 现在能够带来利润，但正在失去价值的顾客
　　E. 不能为公司带来利润的顾客

4. 减压"3R"原则是指（　　）。
　　A. 时时把自己当人看　　　　　B. 要有自己的社会支持系统
　　C. 放松　　　　　　　　　　　D. 缩减
　　E. 重整

5. 作为客服人员，面对压力，可以从哪些方面去把握？（　　）
　　A. 减压"3R"原则　　　　　　　B. 多从积极正面的角度考虑问题
　　C. 时时把自己当人看　　　　　D. 要有自己的社会支持系统
　　E. 培养自己的放松技巧

6. "情商"包括以下哪些方面的能力？（　　）
　　A. 了解自我　　　　　　　　　B. 处理人际关系
　　C. 自我激励　　　　　　　　　D. 管理自我
　　E. 识别他人情绪

7. 以下哪几种谋略能帮助企业在"个性化服务"中取胜？（　　）
　　A. 向顾客做出承诺，并履行承诺　B. 与顾客结盟
　　C. 实施客户关系管理（CRM）　　D. 实施供应链管理（SCM）
　　E. 以"网"取胜

8. 下列属于减轻压力技巧的有( )。
   A. 不断提高自我能力　　　　　B. 制订切实可行的计划
   C. 合理高效地利用时间　　　　D. 成为一位现实主义者
   E. 提高自身素质
9. 在营销领域中，数据分析的用途主要体现在( )。
   A. 顾客描述　　　　　　　　　B. 目标营销
   C. 一揽子市场分析　　　　　　D. 跟踪上下游企业
   E. 监控公司财务状况
10. 从公司的管理方面看，以下哪些做法可以帮助员工减轻或预防压力？( )
    A. 优化企业管理水平，减缓心理压力
    B. 创造一个高效的工作环境，给一线服务人员一个赏心悦目的工作空间
    C. 开辟"出气室"，若员工对某主管心有怨气，可对其橡皮塑像拳脚相加
    D. 主动请减压公司为其雇员提供减压服务
    E. 建立专门的保健室，让员工免费使用各种锻炼器材

三、名词解释

情商　　　　　　感性消费时代

四、简答题

1. 简述进行员工服务培训时的重点内容。
2. 全部的营利性关系顾客可以分为哪三类？
3. 简述在销售领域中数据分析的几种模型及其相应的功能。
4. 简述如何掌握有效的交往手段以避免压力的产生。
5. 简述情商所包含的能力。
6. 从公司管理方面看，帮助员工减轻或预防压力的主要途径有哪些？

五、论述题

1. 试述减轻压力的技巧。
2. 试述企业在个性化服务中取胜的谋略。

六、案例分析题

快乐地工作——诺基亚、英特尔、奥美、谷歌公司的员工减压法

诺基亚——把办公桌变成吧台

"同样是一份必须完成的工作，当你不得不面对它，与你乐于面对它，会是截然不同的两个结果。"

走进诺基亚的办公室，会觉得里面的办公人员"参差不齐"地在工作，有的人坐着，也有的人站着，一点也没有规则可言。诺基亚资讯部经理沈健说，一直坐着办公，会让人的心情烦躁。于是在搬进新的诺基亚办公大楼以后，公司把桌椅全部换成可升降式的，这个做法目前在中国的所有外资企业中还是首创。

只要轻轻按桌面底下的机关,就能随意调整办公桌高度,方便员工在餐后或疲惫的时候站立办公,坐累的时候也可以随时站起来,一站一坐,避免烦躁的心情。在这里,常常可以见到曼妙的白领丽人把办公桌当成吧台,在阳光下喝咖啡的场景,让人感觉非常惬意。据了解,定做这样一套豪华办公桌价格不菲,要万元左右。

工作之余,必须保障身体状态良好。在诺基亚大厦一层和地下一层分别设有按摩中心和健身房,在任何时候,健身、瑜伽和健身操都是免费的,公司有专业的教练辅导,每个中午员工可以在这里健身一个小时,来舒缓工作压力。假如你身心疲惫的时候,还可以去按摩中心做做按摩,每个人每天有15分钟的免费按摩。此外,在公司内部还设立了一些按摩椅,如果觉得15分钟的人工按摩还不够放松,可以舒服地躺在按摩椅上继续享受。

另外,全球最大的餐饮集团索迪斯也入驻了诺基亚大厦,为员工提供每日特调健康餐饮,中西餐厅组合加上咖啡厅和茶室,不仅供应正餐,还可以提供订餐服务和会议点心,在忙碌的工作中随时补充营养。

北京的交通是着实让人烦躁的问题,为此,诺基亚公司提供多种"绿色"交通方式供员工选择——为大部分员工提供47条线路、几乎覆盖北京各个角落的班车,为骑自行车上班的员工准备了自行车停放处和带有淋浴设施的更衣室,而驾驶低排放汽车或拼车上班的员工,还可以享受优先停车位。这些有趣而细心的小细节,都是为了确保员工能更快乐,更享受地投入工作。

英特尔——可以和"最高层"聊天

"社会价值可以让员工有自我认可感,从而心情愉悦,工作更有干劲。"

对于一个IT公司来说,如果员工们不用E-mail,那结果会怎样?记者在互联网上了解到,英特尔的员工自发进行了"零E-mail日"这样的员工活动。

对于很多公司来说,铺天盖地的电子邮件往往让员工们忧心忡忡,烦躁不安,而且对工作逐渐厌烦,人际关系下降。"零E-mail日"是一种工作方式上的突破,员工们需要更多的放松和面对面的交流,而不是沉闷地对着计算机焦虑发呆。

英特尔公司更重视公司员工精神层面的减压,公司采取了员工与上级"ONE OR ONE"的政策,即员工有什么问题可以直接申请与比自己高几级甚至是老板的直接对话,这种办法不但可以缓解员工精神上的压力,在一定程度上也提高了工作效率。此外,在公司的内部网络上,员工们可以把自己的创意与其他人分享,增加员工们的成就感。

此外,英特尔公司最值得借鉴的就是在企业公民责任方面的做法,他们通过这种方式让员工获得工作以外的成就感和自我价值的体现,很多员工利用工余时间为农民工子弟小学工作,为一些残疾人学校义务劳动,参与植树,或者一些环保活动,只要这名员工在自己义务工作的单位做足48小时,公司就会给予这家单位以经济支持。自己的劳动能给这些需要帮助的人带来最大程度的利益,员工们有更大的自我认可感,在精神层面上获得很大满足,工作压力也就变得不是那么大了。

奥美——"福委会"提醒你休息

"放松的心情是保障工作质量的关键,如果一个员工每天都很劳累,满腹牢骚,那还谈何创意和想法呢?"

在奥美中国公司,有一个员工福委会,每天下午4点,悠扬的音乐就会从办公室的音响中飘出,提醒大家休息,此时,大家就知道该从位子上站起来活动活动了,让紧绷的神经暂时舒缓一下。在音乐的选择上，鼓励员工推荐自己认为好听的唱片，给大家分享。音乐的类型更多集中在舒缓或轻柔类型，使那些工作疲惫或者压力较大的员工能够放松紧绷的神经，心情愉快地工作。

"下午4点以后往往是员工们最疲惫、最压抑也是压力更大的时候，在这个时间即使工作，效率也非常低下，选择听音乐减压效果是很好的。"一位奥美的员工如是说。

此外，在奥美办公室的设计上，就为员工设置了诸多休闲场所，"零空间"画廊每三个季度都会更换优秀艺术家的作品，使每位员工在路过画廊的时候，都能感受到艺术的熏陶与启发，"装库"包括台球以及桌上足球等"运动"项目，"黑库"则设立了按摩椅供大家小憩片刻。安排在各层的"瘾君子"室还为"烟民"们安排了良好的去处。

由于集团规模很大，公司每个季度还特别设置了"Happy Hour"，为不同职能公司的员工提供了一个互相认识的机会，促进公司通力协作，同时也慰劳一下大家的辛勤工作。每年一次的奥美运动会（简称"奥运会"），使员工们忘却工作的压力，在竞技场上将脑力劳动轻松转为体力运动。公司专门设立的员工福委会，还为员工谋求各种福利与打折机会。例如，餐馆信息、健身房信息，以及公司每年的出游活动等。

谷歌——办公室就是"游乐场"

"让员工有一种归属感，为自己的公司而骄傲，在这样的情况下工作，比在重压下工作效率明显会高很多。"

谷歌成功获得2007年美国最佳雇主百强排名状元，为员工减压自然是做得面面俱到。其中，让其他公司员工羡慕，让老板眼红的，是谷歌的办公室兼具娱乐性和创造性。

办公室的氛围对一个互联网公司来说是非常重要的，相比严肃和沉闷来说，谷歌更愿意让办公室氛围更轻松，让年轻人更多地展现自己的活力。很多新员工刚到谷歌都会很惊讶，还以为来到了游乐场。在谷歌的办公室中有跳舞毯、桌球以及桌式足球等娱乐项目，员工们可以摆放各种玩具，工作累了就去玩一会，周五的时候对员工的着装没有要求。

此外，公司给每个员工都安排了颈椎按摩师，不但可以自己享受按摩，还可以带一个朋友。颈椎酸了订个推拿，眼睛乏了去跑步，嘴巴干了找饮料柜。在谷歌流传着这样一个故事，一位刚加入谷歌的新员工，由于尚未租到房子，就在公司生活了一个月。一日三餐自然不用愁，到处都是可以睡觉的舒服的沙发，洗澡可以在十分高级的洗手间完成，锻炼身体可以去折腾游泳机和跑步机，偶尔还可以在钢琴室里活动活动手指，比在自己家里还悠闲。既然不必出公司，不必再到外面的世界晃悠，那么省下来的时间干什么呢？工作啊。

"我想到这个公司有按摩室和瑜伽房，有开心果、甜麦片、杏仁、木糖醇口香糖等十数种零食，就会觉得工作还是很快乐的。"一位谷歌员工这样说。

资料来源：http://acftu.people.com.cn/GB/67579/7121088.html［2014-03-26］．

【问题讨论】

结合本案例，讨论以下问题：

谈谈如果你是上述任何一家企业的总裁，你会采取什么独特的员工减压法？

参 考 答 案

一、单项选择题

1. A 2. B 3. B 4. C 5. D
6. A 7. C 8. D 9. A 10. B

二、多项选择题

1. ABCDE 2. ABCE 3. ABD 4. CDE 5. ABCDE
6. ABCDE 7. BDE 8. ABCDE 9. ABC 10. ABCDE

三、名词解释

情商：是指人对自己的情感、情绪的控制管理能力和在社会人际关系中的交往、调节能力。

感性消费时代：是指人们在购买商品时常常诉诸情感，逐渐摒弃了"从众心理"而转向"求异心理"的消费时代。

四、简答题

1. 进行员工服务培训时的重点内容应包括以下四个方面：

（1）个性化营销。通过顾客关系管理，与顾客进行连续的营销沟通，发现什么能够给顾客带来效用，并尽力满足顾客的这些效用，进行"个性化营销"。

（2）注重与顾客交流。

（3）寻找有利可图的顾客，进行顾客关系管理定位分析，确定营销目标。

（4）通过数据分析细分顾客群。

2. 全部的营利性关系顾客可以分为以下三类。

（1）第一类：能给公司带来10%的销售量，能给公司带来最多赢利的顾客。

（2）第二类：占公司销售额和销售利润40%～50%的顾客。这部分顾客能给公司带来可观利润，并有可能成为公司最大的利润来源。

（3）第三类：虽然能带来利润，但却正在失去价值的顾客。

3. 运用数据分析来解决商业问题有六种模型：分类、回归、时间序列、分组、联合分析和序列发现。

（1）分类是将实例分配到组，然后利用数据找出能够反映这一组中所有实例都具备的共性特征；

（2）回归是利用现有的数值预测其他变量值，分类和回归主要用来预测；

（3）时间序列加入了时间因素，构建出各时间段之间的一种层次，反映过去与未来的相关性；

（4）分组可跟踪数据库中不同组的顾客信息，找出彼此之间有区别或者类似的组。分组既可用于预测，也可用于描述；

（5）联合分析揭示出一起发生的事情，可以用来进行"一揽子市场分析"；

（6）序列发现用来衡量关联性并预测日后的扩展销售。

4. 掌握有效的交往手段以避免压力的产生，可以从以下几个方面做起：

（1）文明守礼，礼貌待人。

（2）适当反馈信息。当客户提出问题或发表看法时，员工应该仔细倾听并做出恰当的反应。无论客户的抱怨是否合理，都要认真听取并做出适当的反应，争取解决问题。

（3）说话果断自信，吐字清晰、镇定自若。

（4）使用"我"词汇，意味着客服人员肯负责任，乐于与人合作共同解决问题。

（5）善于表达自己。

5. "情商"包含以下五个方面的能力：

（1）了解自我，当某种情绪刚一出现的时候便能察觉，乃情绪智力的核心，实时监控情绪。

（2）管理自我，调控自我的情绪，使之适时、适地、适度。

（3）自我激励，为服从于某一目标而调动、指挥情绪的能力。

（4）识别他人情绪，也叫移情，具有移情能力的人，能够通过细微的社会信号，敏锐地感受到他人的需求与欲望。

（5）处理人际关系，调控与他人的情绪反应。

6. 从公司的管理方面看，帮助员工减轻或预防压力的主要途径有以下几个方面：

（1）优化企业管理水平，减缓心理压力。

（2）改善工作环境，减轻恶劣的工作条件给服务人员带来的压力感。

（3）加强员工心理素质的培养和训练，增强职工的心理承受能力。

（4）创设心理疏泄空间，使员工心理压力合理释放。

（5）引入心理引导机构，定期进行心理疏导。

（6）鼓励并帮助服务人员提高心理保健能力，学会自我调节。

五、论述题

1. 答案要点：①自我心态的调整；②不断提高自我能力；③合理高效地利用时间；④避免拖沓；⑤按优先顺序安排工作；⑥制订切实可行的计划；⑦适时休息；⑧提高自身素质；⑨不要含糊不清；⑩降低个人压力程度；⑪积极的自我对话；⑫变更你的活动；⑬获得更多的睡眠；⑭培养业余爱好；⑮休息时幽默一下；⑯成为一位现实主义者；⑰精神畅游；⑱微笑。

2. 答题要点：①与顾客结盟；②实施供应链管理；③以"网"取胜。

六、案例分析题

结合案例材料并参考教材中的相关内容作答，具体答案从略。

第8章 客户服务中心

考核内容

识记：客户服务中心的基本概念。
领会：CTI技术的特点、功能，客户服务中心的作用和功能。
应用：结合实际案例，分析客户服务中心的作用与功能。

一、客户服务中心概述

（一）客户服务中心的内涵

客户服务中心，一方面作为客户与企业建立联系的纽带，在企业收集客户信息方面发挥着重要的作用。另一方面，经过 CRM 改善了企业针对客户的优质服务，也需要在客户服务中心得到充分的展示，才能获得最佳的效果。

目前在国外，随着 CRM 应用范围的不断扩展，呼叫中心已经成为一个巨大的产业。相对而言，我国的呼叫中心服务市场起步较晚，虽然近几年发展迅猛，但仍然落后于国外的平均水平 10 年左右，并且还没有形成一定规模。

（二）客户服务中心的发展历程

1. 第一代客户服务中心：人工热线电话系统

它实际上就是我们现在常说的热线电话。这种服务方式可以充分利用客服人员的专长，因而在提高工作效率的同时也大大提高了客户服务质量。

2. 第二代客户服务中心：交互式自动语音应答系统

它由具有简单排队功能的交换机和自动语音应答系统构成。客户拨入客户服务中心的电话后，可以选择人工或自动语音应答服务方式。

3. 第三代客户服务中心：兼有自动语音和人工服务的客户服务系统

该阶段的客户服务中心是在第二阶段的基础上引入 CTI（计算机电话集成）技术，实现数据与语音的融合，在系统中实现自动话务分配、预测拨号、客户资料显示等功能。

4. 第四代客户服务中心：客户互动中心

第四代客户服务中心 CIC 完全提供了前三代呼叫中心所具有的语音交换功能，同时利用了集成的 IP 交换功能，能够完全支持计算机的网络服务。

（三）客户服务中心的发展趋势

（1）从以 PBX 为核心逐步转变为以 CTI 技术为核心。
（2）系统趋于开放并符合标准。
（3）Internet 与呼叫中心的融合。
（4）一体化技术改变呼叫中心的构建基础。

二、CTI 技术及应用简介

（一）CTI 技术的概念

CTI 即计算机电话集成技术，是在现有的通信交换设备上，综合计算机和电话的功能，使其能提供更加完善、先进的通信方法。CTI 是集计算机、交换通信两者的优势于一身，将计算机系统良好的用户界面、庞大的数据库、优良的应用软件与通信交换系统的呼叫控制相结合的综合系统。

(二) CTI 的主要功能

(1) CTI 功能主要集中在话务控制与媒介处理两个方面。
(2) 在技术实现上，CTI 主要集中在呼叫处理和语音处理两个方面。
(3) 一个 CTI 应用系统主要包括应用程序、发展工具、软件平台和资源附加插卡 4 种主要部件。

(三) CTI 技术的发展

(1) CTI 实际应用领域的最初开辟：连接 PBX 和主计算机的应用程序接口（API）。
(2) CTI 的真正发展：接口 TSAPI 和电话应用程序接口 TAPI 这两个标准应用程序接口的出现。
(3) 在中国，1997 年以后 CTI 技术和应用得到了飞速的发展。

三、客户服务中心的作用与功能

(一) 客户服务中心的作用

(1) 客户服务中心是企业与客户沟通的单一平台。
(2) 客户服务中心是企业搜集客户资料、了解客户需求的关键渠道。
(3) 客户服务中心是为客户提供优质服务、维护客户忠诚度的中心。
(4) 客户服务中心是企业从成本中心变成利润中心的重要手段。
(5) 服务中心具有企业流程再造中流程总管的功能。

(二) 客户服务中心的功能

(1) 客户认定。
(2) 电话交互效果的最大化。
(3) 语音数据同步外向转移。
(4) 智能化顾客信息分析。

四、客户服务中心的设计与建设

(一) CRM 系统客户服务中心的结构

一个完整的客户服务中心，一般由 PBX（程控交换机）、ACD（自动呼叫分配）、IVR（交互式语音应答）系统、CTI（计算机电话集成）系统、数据库系统、呼叫管理系统、业务处理系统以及坐席（业务代表）等组成。系统大致可以分为前端和后端两大部分。

(1) 自动呼叫分配子系统/排队机。它是现代呼叫中心的核心和灵魂，是呼叫进入呼叫中心的门户根据。
(2) CTI 服务器，它是连接交换机和计算机/计算机网络系统的最重要的设备。
(3) 交互式语音应答系统。
(4) 人工坐席子系统。

(5) 系统管理子系统。
(6) 数据库子系统。

(二) CRM 中建设客户服务中心的挑战与困难

(1) 设计出完整的客户联系过程，是客户服务中心成功建设的关键。

(2) 在客户服务中心的建设中还应当注意，实现与业务流程的综合和与其他信息系统的集成是关键所在。

(3) 企业在建设呼叫中心时会发现建立一个能真正为己所用的系统是困难的，往往需要不断改进，而建立客户服务中心更有特别的复杂性。

(三) 客户服务中心在典型行业的应用

如在我国电信部门、银行业、证券业等行业中的应用。

五、客户交互中心

(一) 客户交互中心的基本功能

(1) 数字化电话程控交换功能。
(2) 数字化自动呼叫分配功能。
(3) 交互式语音应答功能。
(4) 集成消息和语音功能的邮件系统。
(5) 传真服务。
(6) 报表生成管理功能。
(7) 实时监控和管理功能。

(二) 客户交互中心的特点

(1) 先进灵活的系统结构。
(2) 卓越的客户服务接入能力。
(3) 快速、简单生成新业务的支撑能力。
(4) 强大、独立的自动语音资源功能。
(5) 完善而全面的虚拟客户服务中心解决方案。

(三) 客户交互中心的具体应用

客户交互中心在网络电话、文字交谈、用户留言、Web 同步、高级 E-mail 服务、外包式客户服务中心等领域的具体应用。

重点和难点

本章应掌握的主要知识点包括：(1) 了解客户服务中心的发展历程；(2) 正确理解客户服务中心的内涵及特点；(3) 从客户服务中心的逻辑结构了解其相应的功能；(4) 熟悉客户互动中心的功能、特点、具体应用和发展前景。

同步综合练习题

一、单项选择题

1. 随着工业时代向信息时代过渡，企业运作模式的中心从制造和技术转为（　　）。
   A. 客户　　　　　B. 供应商　　　　C. 营销渠道　　　　D. 企业自身

2. 客户服务中心最早源于（　　）。
   A. 酒店业　　　　B. 通信业　　　　C. 民航业　　　　　D. 餐饮业

3. 随着呼叫中心应用的不断改变，目前呼叫中心的核心已转变为（　　）。
   A. 人工服务　　　B. 信息技术　　　C. 创造利润　　　　D. 电话系统

4. 第一代客户服务中心是（　　）。
   A. 人工热线电话系统　　　　　　　B. IVR 系统
   C. 客户交互中心　　　　　　　　　D. 兼有自动语音和人工服务

5. 第四代客户服务中心是（　　）。
   A. 人工热线电话系统　　　　　　　B. IVR 系统
   C. 客户交互中心　　　　　　　　　D. 兼有自动语音和人工服务

6. 客户服务中心系统的前端的核心是（　　）。
   A. PBX 系统　　　　　　　　　　　B. 业务管理系统
   C. 排队机 ACD　　　　　　　　　　D. CTI 系统

7. 一般客户的发展阶梯是（　　）。
   A. 新客户→潜在客户→满意的客户→留住的客户→老客户
   B. 潜在客户→新客户→满意的客户→留住的客户→老客户
   C. 老客户→新客户→满意的客户→留住的客户→潜在客户
   D. 满意的客户→新客户→潜在客户→留住的客户→老客户

8. 现代呼叫中心的核心和灵魂是（　　）。
   A. CTI 服务器　　B. PBX　　　　　C. ACD 系统　　　　D. IVR 系统

9. 连接交换机和计算机/计算机网络系统的最重要设备是（　　）。
   A. 数据库系统　　　　　　　　　　B. CTI 服务器
   C. 程控交换机　　　　　　　　　　D. IVR 系统

10. 利用计算机语音合成技术，通过计算机播放语音完成与用户的信息交互，主要用于播放固定的提示信息和简单的查询结果的系统是以下的（　　）。
    A. CRM 系统　　　B. ACD 系统　　 C. CIC 系统　　　　D. IVR 系统

二、多项选择题

1. 在客户服务中心的发展历程中，经历了以下哪些客户服务中心系统？（　　）
   A. IVR 系统　　　　　　　　　　　B. 人工热线电话系统
   C. 自动呼叫分配子系统　　　　　　D. 客户互动中心
   E. 兼有自动语音和人工服务的客户服务系统

2. 客户中心的发展趋势包括（　　）。

A. 从以 PBX 为核心逐步转变为以 IVR 技术为核心

B. Internet 与呼叫中心的融合

C. 一体化技术改变呼叫中心的构建基础

D. 系统趋于开放并符合标准

E. 从以 PBX 为核心逐步转变为以 CTI 技术为核心

3. 一个 CTI 应用系统的主要部件包括(   )。

   A. 应用程序　　　　　　　　B. 发送器

   C. 发展工具　　　　　　　　D. 软件平台

   E. 资源附加插卡

4. CTI 的功能主要集中在(   )。

   A. 客户交互　　　　　　　　B. 人工服务

   C. 媒介处理　　　　　　　　D. 呼叫控制

   E. 资源共享

5. 客户服务中心具有的功能包括(   )。

   A. 销售预测　　　　　　　　B. 客户认定

   C. 电话交互活动效果的最大化　　D. 语音数据同步向外转移

   E. 智能化顾客信息分析

6. 一个完整的客户服务中心,一般由以下哪些部分组成?(   )

   A. PBX（程控交换机）、ACD（自动呼叫分配）、IVR（交互式语音应答）系统

   B. CTI（计算机电话集成）系统

   C. 数据库系统及呼叫管理系统

   D. 业务处理系统

   E. 业务代表

7. 以下哪些应用属于 CTI 在呼叫中心的典型应用?(   )

   A. 客户信息屏幕弹出功能　　　B. 个性化呼叫路由功能

   C. 拨号控制功能　　　　　　　D. 预览功能

   E. 预拨功能

8. 全球呼叫中心产业发展规模排在前三位的地区是(   )。

   A. 美国　　　B. 欧洲　　　C. 日本　　　D. 中国　　　E. 中国香港

9. CIC（客户交互中心）的特点包括(   )。

   A. 完善而全面的虚拟客户服务中心解决方案

   B. 先进灵活的系统结构

   C. 强大、独立的自动语音资源功能

   D. 快速、简单生成新业务的支撑能力

   E. 卓越的客户服务接入能力

10. 以下哪些功能属于 CIC 的具体应用?(   )

    A. 网络电话　　　　　　　　B. Web 同步

    C. 高级 E-mail 服务　　　　D. 外包式客户服务中心

    E. 用户留言

三、名词解释

CTI 技术　　　IVR 系统

四、简答题

1. 简述客户服务中心的发展历程及各代产品的特点。
2. 简述客户服务中心的作用。
3. 简述 CTI 的主要功能。
4. 简述 CRM 系统客户服务中心的结构以及每部分结构的特点。
5. 简述 CIC（客户交互中心）的特点。

五、论述题

1. 试述客户服务中心未来的发展趋势。
2. 试述 CRM 中建设客户服务中心的挑战与困难。

六、案例分析题

中国人民保险公司客户服务中心系统
——寻找你的忠诚客户

一、公司简介

中国人民保险公司既是一家国有独资财产保险公司，也是目前中国市场最大的财产保险公司。中国人民保险公司拥有注册资本 77 亿元，在全国设有分支机构 4500 多个，系统从业人员 8.7 万人，经营除人寿保险业务以外的一切保险业务，业务覆盖国内非寿险市场的所有领域，主要承办机动车辆保险、企事业单位财产保险、家庭财产保险、船舶保险、货物运输保险、航空航天保险、建筑安装工程保险、出口信用保险、农业保险和各种责任保险等，险种多达 200 多个，还可以根据客户需求，设计开发新险种和代理寿险业务。2001 年，中国人民保险公司保费收入达 505 亿元，占中国财险市场份额的 72%。

二、项目概述

中国人民保险公司客户服务中心是方正奥德公司承建的大型全国保险行业客户服务中心系统。在本次工程中实现了全国范围内 200 多个点的系统建设规模，运用先进的 CTI 技术、通信技术和计算机技术，为中国人民保险公司树立企业形象、提高客户服务质量、建立主动服务用户的意识和建立先进营销体制与国际流行服务模式接轨奠定了坚实的基础。

该客户服务中心系统设施包括中国人民保险公司全国 200 多个点的客户服务中心设施，其中 40 多点采用交换机和后台系统组成，其他采用语音平台方式构建。

一些大型系统采用 Avaya 公司的 Definity G3 交换机和 IVR、CTI 等设备实现功能全面的自动、人工、传真和网络等多种手段的客户服务。

较小地市系统建设基于语音平台的 IVR 系统，并通过 IVR 来处理用户所有的自动业务的请求，提供人工坐席话路传真等功能，实现全面的自动、人工、传真等功能。

全国人民保险客户服务系统建设完全按照人民保险公司对业务的统一模式、统一业务和统一数据集中方式的要求进行设计的，实现了投保与续保、出险理赔等两大主要业务。

全国各客户服务中心通过帧中继 FR、DDN 等数据网实现系统互联，做到服务模式的统一和数据资料的共享。

三、系统特点

中国人民保险公司凭借方正奥德公司多年的银行系统开发、设计和建设经验，按照本公司相关技术部门的要求，并参照国内外先进系统的基础上建设的。全国人民保险客户服务系统主要有如下显著特点：

(1) 采用先进的通信和计算机软、硬件产品。

(2) 技术先进可行、起点高，兼顾当前业务需求和未来 3～5 年的业务发展需求，可以灵活扩充。

(3) 客户服务系统安全、可靠、保密性强，管理、维护方便。

(4) 系统紧密集成了 CTI、CRM、VOIP 等先进技术。

(5) 体现了以客户服务为中心的设计思想。

(6) 在现有的客户服务平台上易于扩展更多的新应用。

四、系统网络结构

本次客户服务系统建设不仅仅包括建设单一的客户服务中心，而且还包括客户服务中心之间的联网。下面就从系统模型、系统网络构成等方面来说明。

1. 系统模型

全国人民保险系统在逻辑层次上划分为系统平台和应用系统。

整个系统从高层视野可以分为两个方面：

(1) 系统平台，是指呼叫中心的接入和处理平台。如 IVR、坐席、远程坐席、CTI 服务器等。

(2) 应用系统，处理相关的业务内容。如保单查询、电话报单、赔案查询、受理跟进等。

根据现有网络及数据集中情况，人保公司全国呼叫中心系统平台有三种模式：

(1) 省会城市和直辖市支公司，是人民保险公司的主要业务节点，也是未来全国呼叫中心的主要网络及数据节点，具有人口众多、业务繁忙、线路多、坐席多的特点。在此类城市中采用交换机接入的方式，扩容后能支持 400 数字中继接入、300 路 IVR。完全可以满足未来人民保险公司数据集中和其他业务并入后的需要，满足未来 IP 接入、Internet 客服中心和数据仓库技术应用的需要。

(2) 普通地级市是人民保险公司的重要业务节点。为节省投资，在此类城市采用板卡接入的方式。线路采用模拟线路接入，系统提供坐席及 IVR 功能。客户只需拨打当地 95518 即可享受保险服务。

(3) 对于有坐席需要的区县支公司，采用远程坐席方式，保障数据和语音的接入。

2. 客服系统构成 Lucent Definity ECS 企业通信服务器

在省会和直辖市城市系统构成中，前端接入设备采用 DEFINITY ECS（企业通信服务器），其不仅仅是一个 PBX，可以支持 20～25 000 个分机，并可以实现跨国的企业级多媒体网络，并支持客户服务功能。

CTI 应用接口 ASAI，Call Visor ASAI（Adjunct/Switch Application Interface）是

DEFINITY ECS 提供的一个通信接口,通过 ASAI,交换机可以与外界的各种应用系统进行交互。

(1) CTI/CCS 服务器。CTI 将电话与数据通信融为一体,CTI 服务器主要功能是进行语音和数据的同步工作,利用主叫号码或其他个人识别机制将客户信息显示在座席台上,使话务员在讲话的同时可以知道客户的信息,提高来话处理效率。CTI 服务器在本系统中实现了屏幕弹出功能、优先路由选择功能、个人化的呼叫路由功能、来话/去话管理功能、协调语音和数据转换功能、IVR 转坐席台、预览功能和预拨功能等。

呼叫控制服务模块(call control server,CCS)是整个系统的核心部分,一方面,CCS 监视系统设备并响应拨入呼叫,根据用户的选择启动自动语音响应、话务代表响应、FAX 发送等功能;另一方面,CCS 响应系统内其他部分的请求。CCS 完成的功能:对系统现存的呼叫的控制、业务代表模块向 CCS 发送话路控制命令、CCS 执行该命令并返回结果、发起呼叫并完成指定功能、系统状态报告、CCS 对系统的使用情况进行记录。

(2) IVR 系统。IVR 的主要功能是进行交互式语音处理,呼叫者可通过话机按钮输入他的信息,也可接受需要的信息。来话通过交换机进入 IVR 系统,IVR 首先播放欢迎语音和其他提示音,并进行用户数据的采集,交给 CTI 服务器进行进一步的处理。

(3) 人工坐席。人工坐席由一个台式 PC 和一个电话组成,使用耳机以提供方便和保密,电话上可以实时显示服务中心的统计数据,以使话务员了解自己的表现并跟上呼叫量。话务员使用这些设备可以快速高效地进行个性化的服务。

话务员开始和结束工作时需要登录和退出系统,登录时使用的工号可以跟踪服务的过程。呼叫可以用呼叫管理系统、记账系统、工作流管理系统进行记录、统计和监控。电话按键和计算机程序的设计都考虑了简化话务员工作的因素,它们与 ACD 紧密配合,高效处理来话并综合利用话务员的技能。

(4) 数据库服务器。数据库服务器是基于 UNIX 操作系统、Informix 数据库。当系统运行时,对客户的历史交易记录、用户当前任务、用户的口令、话务员的工作日志等数据进行记录。

(5) ISC2000 多媒体呼叫中心平台。ISC2000 是方正奥德公司应用 CTI 技术开发的一个功能强大的智能交换和计算平台,支持多种接入方式(如交换机、板卡),具有 ACD、CCS、IVR、FAX、INI、AGENT、VoiceMail 及监控维护功能。

五、系统业务功能

Care Pack 是基于人民保险业务规范开发的保险呼叫中心业务软件。该软件涵盖了机动车、船舶、货运等多项险种。其主要功能有以下几点。

(1) 宣传:通过自动语音及坐席辅助,向客户进行保险公司业务及各分支机构宣传工作。

(2) 查询:通过自动语音及坐席辅助,帮助客户进行各项查询工作,如保单查询、分支机构查询、开户查询等。

(3) 咨询:通过坐席或专家坐席对客户进行疑难解答。

(4) 投诉:处理客户的投诉,并及时回复处理结果。

(5) 预约投保:对客户的预约请求进行登记,并转相关业务部门或代理人进行身份确认。

（6）模拟投保：按照客户的要求进行模拟操作，帮助客户进行最佳的保险投资。

（7）出险报案：受理各类出险报案，确定出险地点。

（8）查勘调度：出险后通知相关查勘小组到现场进行察看定损工作。

（9）电话报单：代理人通过电话进行报单。

六、CRM系统在员工中的推广

对重点客户，仅仅简单地依靠基层销售人员同客户进行沟通是不够的。随着业务的增多，销售人员、管理人员以及客户之间就会出现断层，这种情况如果长久发展下去，对企业的发展是十分不利的。最根本的解决方法是建立一个有效的客户关系管理平台。

为了实现以客户为中心的核心目标，中国人民保险公司与北京方正奥德公司达成意向，合作开发保险专用的CRM项目，该项目经过开发、试点、推广、完善，最终建成以客户为中心、基于数据仓库的数据统一、信息共享、流程优化、功能完善的客户关系管理系统，全面提高中国人民保险公司信息化水平和行业竞争能力。

以客户为中心说起来容易，实现起来却并不轻松。

首先，中国人民保险公司建立了全国数据库，其主要目的是建立客户档案，为实施CRM奠定基础。

看到这里，可能有的读者会有这样的疑问，数据仓库与CRM之间果真有如此亲密的关系吗？的确，几乎所有的CRM厂商都有建造数据仓库方面的考虑。国际著名的顾问公司，如Gartner Group等，在有关CRM的分析报告中，都重点突出了数据仓库的作用。由此可见，数据仓库在CRM中的重要地位，也只有数据仓库提供了集成统一的客户信息视图，CRM才可能发挥其最大的效应。

其次，CRM不仅仅是一个软件系统，更是一种思想理念，在业务人员、管理人员以及决策人员当中贯彻这种理念，并在业务流程、工作方式以及组织机构上体现这种思想，才能真正实现以客户为中心的目标。

围绕这一"硬道理"，中国人民保险公司还推行了一整套"软服务"。这就是进行组织机构重组，在全系统建立"三个中心"，即客户服务中心、业务处理中心、财务管理中心，以提高服务质量和服务效率。

资料来源：http://www.chinabidding.org.cn/NewsDetails_bid_2215.html［2014-04-10］.

【问题讨论】

结合本案例，讨论以下问题：

请结合本案例，谈谈中国人民保险公司客户服务中心系统的基本构成。

参 考 答 案

一、单项选择题

1. A 2. C 3. B 4. A 5. C
6. D 7. B 8. C 9. B 10. D

二、多项选择题

1. ABDE 2. BCDE 3. ACDE 4. CD 5. BCDE
6. ABCDE 7. ABCDE 8. ABC 9. ABCDE 10. ABCDE

三、名词解释

CTI技术：计算机电话集成技术，是在现有的通信交换设备上，综合计算机和电话的功能，使其能提供更加完善、先进的通信方法。

交互式语音应答（IVR）系统：利用计算机语音合成技术，通过计算机播放语音，完成与用户的信息交互。

四、简答题

1. 客户服务中心的发展历程经历了四个阶段：

（1）第一代客户服务中心是人工热线电话系统，实际上就是我们现在常说的热线电话。这种服务方式可以充分利用客服人员的专长，因而在提高工作效率的同时也大大提高了客户服务质量。

（2）第二代客户服务中心是交互式自动语音应答系统，它由具有简单排队功能的交换机和自动语音应答系统构成。客户拨入客户服务中心的电话后，可以选择人工或自动语音应答服务方式。

（3）第三代客户服务中心是兼有自动语音和人工服务的客户服务系统。第三阶段的客户服务中心是在第二阶段的基础上引入CTI即计算机电话集成技术，实现数据与语音的融合，在系统中实现自动话务分配、预测拨号、客户资料显示等功能。

（4）第四代客户服务中心是客户互动中心。第四代客户服务中心CIC完全提供了前三代呼叫中心所具有的语音交换功能，同时利用了集成的IP交换功能，能够完全支持计算机的网络服务。

2. 客户服务中心的作用体现在以下几个方面：

（1）客户服务中心是企业与客户沟通的单一平台；
（2）客户服务中心是企业搜集客户资料、了解客户需求的关键渠道；
（3）客户服务中心是为客户提供优质服务、维护客户忠诚度的中心；
（4）客户服务中心是企业从成本中心变成利润中心的重要手段；
（5）客户服务中心具有企业流程再造中流程总管的功能。

3. CTI功能主要集中在话务控制与媒介处理两个方面：

(1) 话务控制的功能有电话的建立和中断、话路的选择和网络界面控制等。媒介处理的功能主要是话音/传真处理，另外还有 DTMF 数字处理等。

(2) 在技术实现上，CTI 主要集中在呼叫处理和语音处理两个方面。呼叫处理主要是实现呼叫或连接，语音处理是对通过呼叫建立的连接、发送和接收的信息进行处理，主要有语音的存储转发、数据的压缩与解压缩。

4. 一个完整的客户服务中心，一般由 PBX（程控交换机）、ACD（自动呼叫分配）、IVR（交互式语音应答）系统、CTI（计算机电话集成）系统、数据库系统、呼叫管理系统、业务处理系统以及坐席（业务代表）等组成。系统大致可以分为前端和后端两大部分。在系统前端，CTI 是其核心，在计算机与电话集成的基础上对客户的呼叫进行应答、识别、续接、转移等受理活动；系统后端主要由各种数据库如财务系统、业务管理系统以及网络软硬件提供业务支持。

(1) 自动呼叫分配子系统/排队机。它是现代呼叫中心的核心和灵魂，是呼叫进入呼叫中心的门户根据，它可以预先定义的规则对客户服务中心的来话进行自动分配，可以选择最合适的业务代表，对客户呼叫进行受理。

(2) CTI 服务器，它是连接交换机和计算机/计算机网络系统的最重要的设备。CTI 服务器运行软件完成计算机与交换机的通信。

(3) 交互式语音应答系统。交互式语音应答系统（IVR）是利用计算机语音合成技术，通过计算机播放语音完成与用户的信息交互，它主要用于播放固定的提示信息和简单的查询结果。

(4) 人工坐席子系统。该系统为受理用户的需求，通过一个公共平台获得数据语音和图像的集中，将基于传统技术的呼叫中心与 Internet 客户服务中心（ICC）相互结合。

(5) 系统管理子系统。系统管理子系统包括适时监控、监听等服务监测系统监督坐席的工作状况等，并生成各类统计报表。

(6) 数据库子系统。从客户处所获得的各种信息、数据将储存在数据库或数据仓库中，建立完整准确的用户资料及其管理系统，供企业进行分析和决策。

5. CIC 包括以下五个方面的特点：①先进灵活的系统结构；②卓越的客户服务接入能力；③快速、简单生成新业务的支撑能力；④强大、独立的自动语音资源功能；⑤完善而全面的虚拟客户服务中心解决方案。

五、论述题

1. 答题要点：①从以 PBX 为核心逐步转变为以 CTI 技术为核心；②系统趋于开放并符合标准；③Internet 与呼叫中心的融合；④一体化技术改变呼叫中心的构建基础。

2. 答题要点：①设计出完整的客户联系过程，是客户服务中心能否成功建设的关键；②在客户服务中心的建设中还应当注意，实现与业务流程的综合和与其他信息系统的集成是关键所在；③企业在建设呼叫中心时会发现建立一个能真正为己所用的系统是困难的，往往需要不断地改进，而建立客户服务中心更有特别的复杂性。

六、案例分析题

结合案例材料并参考教材中的相关内容作答，具体答案从略。

第9章 客户服务中的公关专题活动

考核内容

识记：公关活动的含义。
领会：各种公关活动的具体含义及其公关原则和步骤。
应用：根据具体案情采取合理的公关措施，进行正常的客户公关行为。

一、联谊活动

（一）联谊活动的概念

联谊活动是指社会组织为了达到员工之间、社会组织与公众之间联络感情、增进友谊的目的而组织的活动。

（二）联谊活动的形式

联谊活动从低到高有感情型、信息型和合作型三个层次。

（三）联谊活动的组织策划

联谊活动的组织策划包括选择适合的联谊方式，明确联谊目的，提出活动预算，确定活动的时间、地点，确定邀请对象，安排活动程序，布置活动场地，并安排专人负责接待，以及进行活动评估等步骤。

（四）联谊活动的原则

（1）真诚互利原则。联谊活动的组织策划不能损人利己，应使社会组织与公众双方利益得以实现。

（2）整体效益原则。联谊活动应在有限的时间、空间等条件下，在组织和社会多方面取得收益。

二、庆典活动

（一）庆典活动的概念

庆典活动是社会组织根据自身及所处社会环境中有关的重大事件、纪念日、节日等所举办的技巧性要求很高的公共关系专题活动。庆典活动是现代企业或组织公关策划中重要的工作方式之一。

（二）庆典活动的程序操作

庆典活动的程序包括主持人宣布典礼开始，宣读重要来宾名单，剪彩或授奖，签字、致辞，余兴节目、参观，通过座谈或留言的形式广泛征求意见，宴请嘉宾等。

（三）庆典活动注意事项

（1）确定庆典活动的主题。
（2）按照宾客名单写出请柬。
（3）确定主持人与致辞人员。
（4）拟定程序和接待事宜。

三、赞助活动

(一) 赞助活动的概念

赞助活动是社会组织无偿提供资金或物质支持某一项社会事业或社会活动，以获得一定形象传播效益的公共关系专题活动。

(二) 赞助活动的作用

赞助活动有利于增强宣传的说服力和影响力，从而扩大社会组织的影响，有利于开拓新市场，有利于建立业务联系和发展公共事业，有利于协调内部和外部公众之间的关系，有利于创造公众对社会组织支持和友好态度，通过赞助活动，能以此证明组织的经济实力，赢得公众的信任，谋求公众的好感，从而增进组织与公众的感情沟通。

(三) 赞助活动的基本类型

组织进行赞助活动的类型很多，包括：①赞助慈善和福利事业；②赞助体育运动；③赞助文化生活；④赞助教育事业；⑤赞助学术理论研究活动；⑥赞助各种展览和竞赛活动；⑦赞助建立某一职业奖励基金。

(四) 赞助活动的主要步骤

(1) 赞助分析决策。这包括综合考虑赞助活动的社会效益、经济效益、财政状况等，在选择赞助项目时，要优先考虑与社会组织相关的项目。

(2) 制订赞助计划。这包括明确目标、选准项目、保证管理、确定规模、保持连续、突出价值。

(3) 实施赞助方案。

(4) 检测活动效果。

四、新闻发布会

(一) 新闻发布会的概念

新闻发布会，是社会组织为公布重大新闻或解释重要方针政策而邀请新闻记者参加的一种公共关系专题活动。

(二) 新闻发布会的特点

(1) 新闻发布会易于引起社会的关注。
(2) 新闻发布会使得组织与新闻界双向沟通。
(3) 新闻发布会的成本较高。
(4) 新闻发布会对组织的发言人和会议主持人要求较高。

(三) 新闻发布会的准备

(1) 确定举行新闻发布会的必要性。

(2) 确定邀请范围。

(3) 资料准备。

(4) 选择恰当的时间和地点。

(5) 确定主持人和发言人。

(6) 组织记者参观的准备。

(7) 小型宴请的安排。

（四）新闻发布会的程序

程序如下：①签到；②发资料；③介绍会议内容；④发言人讲话；⑤回答记者提问；⑥参观和其他安排。

五、开放参观

（一）开放参观的概念

开放参观是指社会组织为了让公众更好地了解自己或为消除对本组织的某些误解，由公关部门负责组织和邀请有关公众前来本组织参观。

（二）开放参观的作用

(1) 开放参观能增强社会组织的透明度，扩大社会影响，增进公众对社会组织的了解、支持与信任。

(2) 开放参观能争取公众的支持与合作，消除公众对组织的片面认识或误解。

(3) 开放参观能改善社区关系，和谐社区关系，以得到社区公众的理解和支持。

(4) 开放参观能增强员工或员工家属的自豪感。

（三）开放参观的活动步骤

开放参观的活动步骤包括：①准备宣传的小册子；②放映视听资料；③观看模型；④引导观看实物；⑤中途休息；⑥分发纪念品；⑦征求意见。

六、展览会

（一）展览会的概念

展览会是一种常见的公关专题活动形式，是社会组织通过参加或举办展览会推展组织的产品和服务的一种专题活动，以边展边销、以展促销为主要表现形式，是一种典型的公关活动。

（二）展览会的特点

(1) 展览会是一种复合型的传播方式。

(2) 展览会是社会组织塑造自身形象的最佳方式之一。

(3) 展览会为社会组织与公众提供了直接沟通的机会。

(4) 展览会是一种具有新闻价值的公关活动。

（三）展览会的类型

(1) 按照展览会的性质划分，可分为贸易展览和宣传展览。
(2) 按照展览会的项目划分，可分为综合展览和专项展览。
(3) 按照展览会的规模划分，可分为大型综合展览、小型展览和微型展览。
(4) 按照展览会举办的场所划分，可分为室内展览和露天展览。
(5) 按照展览会的方式划分，可以分为静态展览和动态展览。

（四）展览会的组织程序

展览会的组织程序包括：
(1) 明确目标，确定展览会的主办单位、承办单位和协办单位。
(2) 进行筹备工作，成立筹备委员会，准备资料制订预算。
(3) 培训工作人员。
(4) 展览会开幕。
(5) 展览会闭幕。
(6) 展览会后的评估工作。

（五）展览会相关部门及责任

展览会的相关部门包括办公室、秘书组、展中组、美工组、接待组、外联组、宣传组、财务组、保卫组、储运组、工程组，每个部门对应的职责，详见教材有关内容。

七、危机管理

（一）公关危机

1. 公关危机的概念

公关危机是指由于某些人为的或非人为的突发事件及重大问题的出现，打破了社会组织正常的有序运转状态，使组织声誉和利益受到损害，甚至遭遇生存危险，从而不得不面临和处理的一种紧张状态。

2. 公关危机的特点

公关危机具有突发性、严重危害性、不规则性、舆论关注性四个特点。

3. 公关危机的类型

可以按照危机产生的客观原因、危机损失的表现形式、危机的性质不同、危机发生的程度不同、危机发生的外显不同，以及危机性质的横向与纵向等维度，对公关危机进行分类。

（二）危机公关

1. 危机公关的概念

危机公关是指社会组织调动各种可利用的资源，采取各种可行的方法，预防、限制和消除危机以及因危机而产生的消极影响,从而使潜在的或现存的危机得以解决,使危机造成的损失最小化的方法和行为。

2. 危机公关的对策

危机公关可采取的对策包括:①成立处理危机事件的专门组织机构;②对危机事件进行调查判断;③制定处理危机的具体对策。

重点和难点

本章应掌握的主要知识点包括:(1)了解客户服务中的公共关系的专题活动;(2)掌握联谊活动、庆典活动、赞助活动、新闻发布会、开放参观、展览会、危机管理等应注意的问题;(3)要求学生运用客户服务中的公关专题活动基本原理,进行物业管理的专项活动的组织与处理。

同步综合练习题

一、单项选择题

1. 联谊活动的三个层次从低到高分别是（　　）。
   A. 感情型、合作型、信息型　　B. 合作型、信息型、感情型
   C. 感情型、信息型、合作型　　D. 合作型、感情型、信息型
2. 联谊活动结果的最终体现的是（　　）。
   A. 感情型　　　　　　　　　　B. 信息型
   C. 合作型　　　　　　　　　　D. 协同型
3. 下列哪种活动兼具内、外公关作用？（　　）
   A. 联谊活动　　　　　　　　　B. 庆典活动
   C. 赞助活动　　　　　　　　　D. 新闻发布会
4. 社会组织赞助活动中最常见的一种形式是（　　）。
   A. 赞助慈善和福利事业　　　　B. 赞助体育运动
   C. 赞助教育事业　　　　　　　D. 赞助各种展览和竞赛活动
5. 能使社会组织与社区、政府搞好关系，扩大组织社会影响，使组织在社会上获得知名度、美誉度的是（　　）。
   A. 赞助学术理论研究活动　　　B. 赞助建立某一职业奖励基金
   C. 赞助慈善和福利事业　　　　D. 赞助文化生活
6. 要想使开放参观获得成功，最重要的工作是（　　）。
   A. 确定好参观的主题　　　　　B. 做好各种宣传工作
   C. 为开放参观确定合格的组织者　D. 确定合适的参观路线
7. 中国教育改革 20 年成就展属于（　　）。
   A. 贸易展览　　　　　　　　　B. 宣传展览
   C. 综合展览　　　　　　　　　D. 专项展览
8. 大型机械展览、农副产品展览、花卉展览等展览最适宜采用（　　）。
   A. 露天展览　　　　　　　　　B. 室内展览
   C. 宣传展览　　　　　　　　　D. 综合展览
9. 负责邀请上级领导及有关单位领导参加展览会开幕式以及观看展览的展览会部门一般为（　　）。
   A. 秘书组　　　　　　　　　　B. 展中组
   C. 宣传组　　　　　　　　　　D. 外联组
10. 处理危机事件最关键的是（　　）。
    A. 有专人负责，统一指挥　　　B. 对危机事件进行调查判断
    C. 制定处理危机的具体对策　　D. 判断危机时间的后果与影响

二、多项选择题

1. 联谊活动的形式有（　　）。

         A. 情感型   B. 信息型
         C. 信任型   D. 合作型
         E. 协助型
2. 联谊活动的原则有（　　）。
         A. 真诚互利原则   B. 活动多样原则
         C. 节省成本原则   D. 主题鲜明原则
         E. 整体效益原则
3. 以下哪些属于庆典活动的类型？（　　）
         A. 开业庆典   B. 周年典礼
         C. 落成典礼   D. 签字仪式典礼
         E. 消费日
4. 庆典活动的注意事项主要包括（　　）。
         A. 确定庆典活动的主题   B. 精心拟定出席庆典仪式的人员名单
         C. 按照宾客名单写出请柬   D. 确定主持人与致辞人员
         E. 拟定程序和接待事宜
5. 以下哪些是社会组织举行新闻发布会的原因？（　　）
         A. 出现紧急情况   B. 对社会产生重大影响的新政策的提出
         C. 新产品的开发和投产   D. 企业的关闭
         E. 组织对社会做出的重大贡献或善事
6. 按照展览会的性质，展览会可以被划分为（　　）。
         A. 贸易展览   B. 宣传展览
         C. 综合展览   D. 专项展览
         E. 静态展览
7. 以下哪些商品的展览适合在露天场地展出？（　　）
         A. 大型机械   B. 珠宝
         C. 农副产品   D. 花卉展览
         E. 化妆品
8. 公关危机的特点主要有（　　）。
         A. 突发性   B. 机遇性
         C. 严重危害性   D. 不规则性
         E. 舆论关注性
9. 按照危机的性质，可以将公关危机划分为（　　）。
         A. 潜伏危机   B. 突变危机
         C. 商誉危机   D. 经营危机
         E. 人为的公关危机
10. 开放参观的作用包括（　　）。
         A. 增强社会组织的透明度   B. 增强员工或员工家属的自豪感
         C. 改善社区关系   D. 争取公众的支持与合作
         E. 消除公众对组织的误解

三、名词解释

公共关系专题活动　　联谊活动　　庆典活动　　赞助活动　　新闻发布会
开放参观　　物业管理开放参观　　展览会　　公关危机　　危机公关

四、简答题

1. 简述公共关系专题活动的类型。
2. 简述庆典活动的注意事项。
3. 简述赞助活动的基本类型。
4. 新闻发布会的准备工作包括哪些内容？
5. 简述展览会的特点。
6. 简述危机公关的对策。

五、论述题

试述赞助活动的主要步骤。

六、案例分析题

联想成功跻身国际奥委会TOP计划

一、项目背景

国际奥委会的全球合作伙伴（以下简称"TOP"计划），由国际奥委会直接谈判和管理，每四年一个周期，每个周期含一届冬季奥运会和一届夏季奥运会。加入该计划的企业获得"奥林匹克全球合作伙伴"的称谓，也因此获得了在全球范围内使用奥林匹克知识产权、开展市场营销等权利及相关的一整套权益回报。国际奥委会优先确定TOP计划，组委会将获得其他产品类别的市场开发权利。同时，TOP伙伴享有在全球范围内产品、技术、服务类别的排他权利，这种类别的排他权利通过国际奥委会与各个国家或地区奥委会和奥运会组委会签订协议，在各个国家或地区得到保障。

TOP赞助商的赞助方式包括现金赞助和现金等价物赞助。现金等价物是指赞助商以提供产品、服务、技术和人力资源的方式为奥林匹克运动做出贡献。

联想集团于2004年3月26日正式签约，成为加入国际奥委会TOP计划的首家中国企业。国际奥委会市场开发委员会主席海博格称：这将是一个标志，标志着中国新一代企业群体被国际社会认同和接纳。

国际奥委会从1985年开始推出的TOP计划，现已发展成为全球最著名的商业营销大战。随着奥运会开支越来越大，TOP计划的入场券底线也水涨船高。尽管签约双方对联想加盟TOP计划的具体赞助金额缄口不言，但据外界预测，这种昂贵的计划，将至少花掉联想6500万～8000万美元。

联想为什么豪赌奥运会？巨额资金会不会压垮联想？一时间，海内外媒体纷纷被联想签约奥组委的镁光灯照亮眼睛，给予这个在中国家喻户晓、在国际上尚属"小兄弟"的企业以前所未有的关注。

二、项目策划

在柳传志时代,联想发展依托的是 IT 产业在中国从无到有的蓬勃生长期;而在杨元庆时代,联想面临的已经是一个充分竞争、产业内部实现细化的 IT 行业格局。在国内城市市场多元化竞争激烈,而农村市场又很难打开的情况下,联想需要一次全新的突破。这个突破就是国际化。

联想目前的海外收入占总收入的比例不足 10%,而联想给自己制定的目标是在未来 3~5 年内,销售额中的 25%~30%要来自海外。正如柳传志所说,联想要从每年 30 亿美元的营业收入发展到 100 亿美元,实现品牌的国际化势在必行,这当然是一个十分困难的门槛。

联想董事局主席柳传志认为,品牌的国际化必须和人才的国际化相互配合,必须和公司产品、技术、渠道的国际化相配合,必须整合一系列海外战略措施。其中,把握时代重大发展机遇,趁势而上尤为重要。

2001 年 7 月 13 日,北京成功申办 2008 年奥运会。当晚,刚刚上任半年的联想集团 CEO 杨元庆给全体员工写了一封电子邮件。在邮件中,杨元庆向员工们表示,要抓住奥运会可能为联想带来任何的发展机遇。这几乎被视为联想赞助奥运会之梦的起点。所谓君子敏于势,赞助奥运会,成为国际奥运会的全球合作伙伴,正是联想实现国际化生存的一条捷径。

联想在调研中发现,很多国际企业借助奥运会提升品牌形象,进而成功拓展海外市场。联想品牌推广部经理李岚说,正是这样无数的成功案例,使联想在长达两年的奥运之路中保持着旺盛的激情。其中,最让联想推崇的榜样是韩国的三星。凭借奥运 TOP 计划,三星在全球品牌座次上迅速上升,至今已成为时尚和高端手机的代言人。

能否"翻版"一个三星深化,既是联想集团内心的一种情结,也是联想品牌国际化的一个契时之需。"比如三星",这短短四个字成为挂在联想集团高层嘴边的一句口头禅。三星的模式,三星的成功,清晰地印在联想高层的理念之中。学习三星,通过奥运会营销大力拓展海外市场,使联想成为世界 PC 品牌符号,成为联想集团一项重要发展战略。

北京申奥成功后不久,联想集团内部开始抽调精兵强将,成立专门小组,研究联想与奥运携手的各种可能。在这个小组里,公司高层领导俞兵、马雪征、乔健等都囊括其中。这个小组的根本任务,便是尽一切可能,在最合理的框架内成为奥运 TOP 计划成员。

出于公司保密需要,有人提议给小组取个代号,最后集团副总裁乔健突发奇想,提出了"007"这个代号。"007"这个代号的特别含义,就是指从 2001 年到 2008 年是整整七年,与联想进军奥运之路的时间长度相同。

经过审慎研究,联想认为机会千载难逢。北京成功申办 2008 年奥运会,中国企业必当扛起民族大旗,发挥重要作用。上一期国际奥委会 TOP 赞助商 IBM 停止赞助后,暂时还没有类似的 IT 企业与国际奥委会签约。此两项加在一起,可谓"天时"、"地利"相结合。问题的关键在于,在这样一个绝好的机遇面前,联想尚需一系列的公关活动,实现奥运赞助的"人和"。

三、项目实施

(一)投石问路

对于国际奥委会的全球伙伴大家庭来说,联想也许真的规模太小了。联想集团品牌推广部总经理李岚说，2002年12月以前，联想集团几次给国际奥委会发过邮件，也有过零星的接触，但是都没有得到特别热情的回复。这让"007"小组的人员感到困惑和沮丧。

真正的转机是2002年12月联想举办的"联想技术创新"大会。这是中国企业首次举办世界性的技术盛会，联想第一次正式提出了"技术的联想"的概念。在这次盛会上，联想大厦迎来了一批特殊的客人，他们认真观看了联想的相关技术和产品，对联想展示的产品和技术，表现出高度惊讶。这批客人，正是来自瑞士洛桑的国际奥委会官员。

在会见这些国际奥委会官员的时候，杨元庆抓住机会，含蓄地询问联想集团成为奥林匹克全球顶级赞助商的可能性。那时候，杨元庆已经多次听过"007"小组关于TOP计划的汇报，对TOP计划有了大致的了解，知道相对于年营业额达700亿美元的松下，400亿美元的三星，联想的规模毕竟小了一些，杨元庆那时自觉底气不足。

就在"007"小组的工作几近停滞的时候，一封来自国际奥委会的邀请函意外地放在了杨元庆的办公桌上。信的大意是邀请联想赴洛桑国际奥委会总部参观，并商谈合作的可能性。与此同时，这封信的另一个注脚开始在互联网上显现，国际奥委会市场开发部主席海博格在瑞士洛桑接受媒体采访时说："有些企业正在积极地申请成为TOP伙伴，而最有希望的是中国的联想和海尔。"

这些积极的信号回馈到联想，使"007"小组逐渐恢复了信心。

（二）艰难抉择

2003年1月，"007"小组领导和成员开始论证联想集团参与TOP计划是否会影响其资金链条的问题，虽然这样的会议已经进行过多次，但是这次不同，他们要用翔实的数字和简单的结论做出最终的判断。之后，他们要上报给集团总裁杨元庆。这个判断，将使杨元庆及董事会做出是否奔赴洛桑的决定。

成为TOP计划成员要付出巨大的花费，而且奥运会赛场上不能出现TOP伙伴的形象，全球合作伙伴只能通过一系列的大型公益活动来进行形象推广。对于规模远远不及其他全球合作伙伴的联想，这笔费用是否会成为联想的"不能承受之重"？在这次关键的会议上，"007"小组认为，尽管从1985年以来，参与TOP计划的企业水涨船高，从1985年的400万美元一直上涨到第六期TOP的6500万美元，但联想集团每年都要拿出营业额250亿人民币的2%来做市场推广，这样算来，联想用于市场推广的费用已经达到了5亿元人民币。即使联想拿出8000万美元用于TOP，等值于6亿多人民币的费用将从2005年到2008年分成四年，陆续支付给国际奥委会。而由于TOP合作伙伴以资金、技术、服务三个方面出资，联想的赞助总额中将涵盖50%的设备，因此，对联想的现金流不会造成冲击。"未来的推广费用将不会增加，而是用于TOP的部分将和奥运会的元素进行组合。"联想集团品牌推广部总经理李岚这样解释。

（三）洛桑承诺

2003年2月17日，"007"小组成员的洛桑之行终于启动了。

为期两天的行程安排得很紧，包括国际奥组委与联想双方的相互介绍、国际奥组委的技术需求交流和培训、TOP计划的营销推广交流和培训。联想则从中国带来了包括三套联想产品的介绍，关于联想集团7分钟的英文介绍，一个16屏幕的PPT介绍。

在不断深入的接触中，国际奥组委工作人员不断表示出惊讶，因为联想的认识和观点与 TOP 计划的意图和主张非常一致。而且联想的"007"小组成员，不但能和国际奥组委官员用英文直接交流，而且还能听懂每一个关于奥林匹克的专业生僻词汇。

洛桑之行，国际奥委会带给联想一个承诺：在 6 个月之内，不再与同类的企业进行接触，并在 3 个月内等待联想的最终答复。而联想则将一个愿望留在了洛桑，那就是成为第一个将奥林匹克全球合作伙伴的中国企业，并在某一天，将 Lenovo 的标志以烫金的形式，镶嵌到奥林匹克博物馆中的赞助之墙。

（四）谈判

三个月后，联想的产品在巴塞罗那实验室通过了国际奥组委的测试，决心加入 TOP 计划的联想终于正式开始与国际奥组委的谈判。虽然镶嵌着奥林匹克精神的光环，但这毕竟是一笔数目巨大的商业谈判，和任何一个商业谈判一样，双方对各自的利益各执一词，不肯相让。

"如同准备一场辩论赛一样，把对手所有的问题都要想好。"主谈判手郑峥嵘说。拥有海外 MBA 背景的谢龙是另一个主谈判手，他透露，这次谈判存在着两大死结，其中之一是联想希望能够在四年以后，推广联想的关联应用技术，因此希望在这方面和国际奥组委进行合作。谈判在联想大厦的 3406 房间进行，联想所有的高层领导 24 小时待机，随时关注谈判进程。

在长达几个月的时间内，联想绞尽脑汁地把国际奥组委并不熟悉的关联应用技术，用通俗易懂的语言解释出来，告诉他们这是一个具有前瞻性的技术，并不妨碍其他赞助伙伴的权益。至于无线技术中的功能，也不涉及其他奥运赞助伙伴的权益。

谈判定稿之日一拖再拖，终于在 2004 年 2 月 17 日，双方将所有的权益浓缩成 20 页简单的条款，签署了各自的名字。

四、项目评估

2004 年 3 月 26 日，国际奥委会官员与联想集团的签约仪式，使第一个中国企业——联想，正式成为国际奥委会第六期 TOP 计划伙伴。这意味着在 2006 年都灵冬季奥运会和 2008 年北京奥运会上，所有的台式计算机、笔记本电脑、计算技术设备上的 LOGO，都将只有一个，那就是来自中国的 Lenovo。

联想将获得在全球范围内使用奥林匹克知识产权的一整套权益回报。

海内外媒体对联想的这个第一步给予了极大关注。柳传志当年为之忧虑的"困难的门槛"正被新一代的联想跨越。

资料来源：道路与梦想 . http://blog.sina.com.cn/s/blog_5d574e530100c9df.htm［2014-04-24］.

【问题讨论】

结合本案例，讨论以下问题：

简要分析联想集团成为奥运会赞助商的计划取得成功的原因。

参 考 答 案

一、单项选择题

1. C　　2. C　　3. B　　4. B　　5. C
6. B　　7. C　　8. A　　9. D　　10. A

二、多项选择题

1. ABD　　2. AE　　3. ABCDE　　4. ABCDE　　5. ABCDE
6. AB　　7. ACD　　8. ACDE　　9. BCD　　10. ABCDE

三、名词解释

公共关系专题活动：是指社会组织为了实现公共关系目标，围绕一定的主题而开展的特殊公共关系活动。

联谊活动：是指社会组织为了达到员工之间、社会组织与公众之间联络感情、增进友谊的目的而组织的活动。

庆典活动：是指社会组织根据自身及所处社会环境中有关的重大事件、纪念日、节日等所举办的技巧性要求很高的公共关系专题活动。

赞助活动：是指社会组织无偿提供资金或物质支持某一项社会事业或社会活动，以获得一定形象传播效益的公共关系专题活动。

新闻发布会：是指社会组织为公布重大新闻或解释重要方针政策而邀请新闻记者参加的一种公共关系专题活动。

开放参观：是指社会组织为了让公众更好地了解自己或为消除对本组织的某些误解，由公关部门负责组织和邀请有关公众前来本组织参观。

物业管理开放参观：是指为让公众全面了解物业服务企业及其设施、工作（或生产、活动）过程和各种成果等，确定特定日期向外部公众实施开放参观的一种公共关系专题活动。

展览会：是指社会组织通过参加或举办展览会，推展组织的产品和服务的一种专题活动。

公关危机：是指由于某些人为的或非人为的突发事件及重大问题的出现，打破了社会组织正常的有序运转状态，使组织声誉和利益受到损害，甚至遭遇生存危险，从而不得不面临和处理的一种紧张状态。

危机公关：是指社会组织调动各种可利用的资源，采取各种可行的方法，预防、限制和消除危机以及因危机而产生的消极影响，从而使潜在的或现存的危机得以解决，使危机造成的损失最小化的方法和行为。

四、简答题

1. 公共关系的专题活动的类型有以下七种：①联谊活动；②庆典活动；③赞助活动；

④新闻发布会；⑤开放参观；⑥展览会；⑦危机管理。

2. 庆典活动的注意事项有以下四种：①确定庆典活动的主题；②按照宾客名单写出请柬；③确定主持人与致辞人员；④拟定程序和接待事宜。

3. 赞助活动的基本类型有以下七种：①赞助慈善和福利事业；②赞助体育运动；③赞助文化生活；④赞助教育事业；⑤赞助学术理论研究活动；⑥赞助各种展览和竞赛活动；⑦赞助建立某一职业奖励基金。

4. 新闻发布会的准备工作主要包括：①确定举行新闻发布会的必要性；②确定邀请范围；③资料准备；④选择恰当的时间和地点；⑤确定主持人和发言人；⑥组织记者参观的准备；⑦小型宴请的安排。

5. 展览会的特点主要包括：①展览会是一种复合型的传播方式；②展览会是社会组织塑造自身形象的最佳方式之一；③展览会为社会组织与公众提供了直接沟通的机会；④展览会是一种具有新闻价值的公关活动。

6. 公关危机的对策主要有：

（1）成立处理危机事件的专门组织机构。处理危机事件最关键的是需要有专人负责，统一指挥。

（2）对危机事件进行调查判断。首先应该运用有效的调查手段，迅速查明情况，判断事件的性质、现状、后果及影响，为制定对策及应急措施提供依据。其次应查明事件的性质与状况、事件的后果和影响、事件牵涉的公众对象。

（3）制定处理危机的具体对策。在全面调查了解危机事件的情况后，将所获取的信息进行分析整理，针对不同对象确定对组织内部的对策、对受害者的对策、对新闻界的对策、对上级主管部门的对策、对业务往来单位的对策、消费者及其团体的对策、对组织所在社区居民的对策。

五、论述题

答案要点：①赞助分析决策；②制订赞助计划，包括明确目标、选准项目、保证管理、确定规模、保持连续、突出价值；③实施赞助方案；④检测活动效果。

六、案例分析题

结合案例材料并参考教材中的相关内容作答，具体答案从略。

第10章 客户投诉与投诉处理

 考核内容

识记：客户投诉的基本含义、内容、原因和投诉的障碍。

领会：客户投诉处理的基本策略和技巧。

应用：能结合具体实际，采取适当措施修复客户关系。

一、客户投诉

(一) 客户投诉的含义

(1) 客户投诉是指客户在接受和使用产品和服务的过程中，发现或认为其中存在问题，自己的利益受到侵害，因而向企业提出的诉求。

(2) 客户投诉的方式主要包括要求解决有关问题、补救服务失误、赔偿一定损失等的做法。

(二) 对客户投诉的认识

(1) 投诉的提起人应是客户；
(2) 投诉以企业为其追究的责任人；
(3) 投诉的直接对象是员工；
(4) 投诉以投诉问题存在为前提；
(5) 投诉以实现客户利益主张为目的，这些利益主张表现为三个方面：①损害赔偿；②修理、更换、重做；③非财产损害的赔偿。

(三) 客户投诉的重要性

1. 客户投诉能促使企业改进产品和服务

2. 客户投诉能为企业产品和服务的创新创造机会

因为客户投诉表明客户在产品和服务的使用过程中产生了"困惑"，同时，客户投诉体现了客户对产品和服务完美性的追求，促使企业进行创新。

3. 客户投诉能防止企业客户的流失

4. 内容包括投诉事实（问题、事件、事项）和投诉要求两部分

我们习惯上讲的投诉内容，主要是指投诉的问题或事项，即涉及或对于某一问题或事项的投诉。客户投诉的内容可分为"涉及服务产品方面的投诉"以及"涉及产品服务方面的投诉"两方面。

(1) 涉及服务产品方面的投诉包括：①对产品功能的投诉；②对产品安全的投诉；③对产品质量的投诉；④对产品交易的投诉；⑤对产品交付的投诉；⑥对产品文化的投诉。

(2) 涉及产品服务方面的投诉包括：①对服务能力的投诉；②对服务态度的投诉；③对服务质量的投诉；④对服务礼仪的投诉。

5. 客户投诉的原因

原因主要有：①服务未能取得期望效果；②服务表现不佳或失误；③客户的服务要求超越企业和员工的服务能力。

不管是企业自身的不足，还是客户要求超过企业的能力，归根到底说明产品和服务没能达到客户的期望，没能满足客户的需求。

6. 客户投诉的障碍

客户投诉存在的障碍包括以下两个方面：

(1) 企业自身的障碍，包括：①公司政策方面的障碍；②公司管理方面的障碍；③公司员工素质方面的障碍。

(2) 客户自身的障碍，主要体现在以下几个方面：①客户认为"抱怨也没用"；②客户感到"抱怨实施很麻烦"；③客户感到"抱怨会使人觉得不好意思或咄咄逼人"；④客户认为"市场上提供了许多可选择的产品和服务，与其抱怨，不如换个选购对象"；⑤客户感到"真正要投诉，证据尚不足"。

7. 客户投诉的管理

对客户投诉管理的要求和步骤如下：

(1) 建立客户投诉管理制度。

(2) 确立客户投诉的受理标准，投诉受理标准是投诉受理规定的主要内容。企业受理的投诉，一般要有明确的投诉人，有列举的投诉事项（问题），有实在的损害后果，有明确的投诉要求，符合企业所受理的范围。

(3) 建立投诉处理系统。

(4) 一旦出现投诉，要及时处理。

(5) 分清相关责任，确保问题妥善解决。

二、客户投诉的处理

（一）有效处理客户抱怨的技巧

(1) 以不变应万变的技巧。

(2) 以微笑应对顾客抱怨的技巧。

(3) 以重视的态度应对顾客抱怨的技巧。

(4) 以非语言沟通应对顾客抱怨的技巧。

(5) 以移情的方式应对顾客抱怨的技巧。

(6) 以拖延方式应对顾客抱怨的技巧。

（二）客户投诉管理策略

(1) 建立健全各种规章制度。

(2) 确定受理投诉的标准。

(3) 一旦出现客户投诉，应及时处理。

(4) 处理问题时应分清责任，确保问题妥善解决。

(5) 建立投诉处理系统。

三、客户关系的修复

（一）分析客户关系断裂的原因

顾客是企业产品和服务最权威的评判者，对改进产品和服务也最具发言权。他们在使用各类产品的过程中会发现产品的不尽如人意之处，产生不满而投诉。因此，企业可以从这些投诉中，了解和发现产品及企业服务的不足之处，掌握用户的消费需求及隐含的市场信息，进而瞄准问题的关键，提升产品和服务的质量。

（二）采取服务补救

（1）服务补救的含义。服务补救是指服务性企业在对客户提供服务出现失败和错误的情况下，对客户的不满和抱怨当即做出的补救性反应，也可以被定义为企业在第一次服务失误后，企业为留住客户而立即做出的带有补救性质的第二次服务。

（2）服务补救的必要性。

（3）服务补救策略实施：①包括跟踪并预期补救良机；②重视客户问题；③尽快解决问题；④授予一线员工解决问题的权力；⑤从补救中汲取经验教训。

（三）恢复客户关系的措施

恢复客户关系的管理过程具体分为三个步骤进行。

（1）分析阶段。企业要对流失客户的价值、流失原因进行分析，并对流失客户进行细分。从客户流失原因角度，可以将流失客户分为六种不同的类型：①有意推走的客户；②无意推走的客户；③被拉走的客户；④被收买的客户；⑤无意离去的客户；⑥迁移客户。无意推走的客户、被拉走的客户和无意离去的客户是企业重新争取与之恢复业务关系的对象。

（2）恢复客户关系的管理措施。①与特定客户进行个别沟通或通话；②向特定客户提供恢复业务的优惠条件。

（3）恢复客户关系管理的评估和考核。

重点和难点

本章应掌握的主要知识点包括：(1) 掌握客户投诉的含义及其重要性；(2) 了解客户投诉的内容及原因；(3) 掌握客户投诉管理的要求和步骤；(4) 了解客户投诉处理的原则；(5) 掌握客户关系修复的方法和步骤。

同步综合练习题

一、单项选择题

1. 投诉的直接对象是（　　）。
   A. 员工　　　　　　　　　　B. 企业
   C. 消费者协会　　　　　　　D. 工商行政主管部门

2. 产品和服务的问题如果是由第三者发现并向企业提出，属于（　　）。
   A. 第三方投诉　　　　　　　B. 市场情况反映
   C. 综合投诉　　　　　　　　D. 共同投诉

3. 不管哪种原因产生的投诉，投诉的责任承担者是（　　）。
   A. 企业　　　　　　　　　　B. 消费者
   C. 消费者协会　　　　　　　D. 市场管理部门

4. 针对产品所发挥的有效作用或效能的欠缺所引发的投诉属于（　　）。
   A. 对产品安全的投诉　　　　B. 对产品质量的投诉
   C. 对产品功能的投诉　　　　D. 对产品交易的投诉

5. 投诉方式一般表现为上门投诉、信函投诉、电子邮件投诉、电话投诉、媒体投诉等多种形式，其中最具影响力的是（　　）。
   A. 上门投诉　　　　　　　　B. 电子邮件投诉
   C. 电话投诉　　　　　　　　D. 媒体曝光

6. 对于在销售服务中重复出现的常规问题，应该如何处理？（　　）
   A. 不予重视　　　　　　　　B. 向上级请求，咨询处理意见
   C. 根据具体情况创造性地予以处理　D. 按规定的程序和方法处理

7. 对产品和服务最权威的评判者，对改进产品和服务最具发言权的主体是（　　）。
   A. 顾客　　　　　　　　　　B. 一线员工
   C. 企业质检员　　　　　　　D. 资深产品分析师

8. 企业在第一次服务失误后，企业为留住客户而立即做出的带有补救性质的第二次服务叫做（　　）。
   A. 挽留服务　　　　　　　　B. 服务补救
   C. 跟踪服务　　　　　　　　D. 服务弥补

9. 客户关系恢复后，企业从该客户在日后业务关系存续时间内向企业购买产品或服务中直接获得的经济收益被称为（　　）。
   A. 替补流失客户的收益　　　B. 信息收益
   C. 沟通促销收益　　　　　　D. 客户重构收益

10. 流失客户细分的重要依据主要包括客户流失原因分析和（　　）。
    A. 客户价值　　　　　　　　B. 客户等级
    C. 客户信誉　　　　　　　　D. 客户忠诚度

二、多项选择题

1. 客户投诉对于企业而言，其主要意义在于（　　）。
   A. 使企业及时发现产品和服务的失误
   B. 开创新的商机
   C. 使企业有再次赢得客户的机会
   D. 为企业建立和巩固良好的形象提供机会
   E. 使企业防止客户流失

2. 客户投诉内容主要包括（　　）。
   A. 投诉事实　　　　　　　　B. 投诉要求
   C. 投诉问题　　　　　　　　D. 投诉事件
   E. 投诉事项

3. 涉及产品服务方面投诉的内容主要包括（　　）。
   A. 对服务能力的投诉　　　　B. 对服务态度的投诉
   C. 对服务质量的投诉　　　　D. 对服务礼仪的投诉
   E. 对产品交付的投诉

4. 在以下客户投诉的障碍中，涉及企业自身的障碍有（　　）。
   A. 公司拖延对客户投诉的处理
   B. 公司对投诉的准入条件过于严格
   C. 企业"九赔十不足"
   D. 市场上同类型的企业和商品很多，客户以更换选购对象代替投诉
   E. 公司对员工的考核中很少涉及处理客户投诉的内容

5. 客户投诉管理制度所包括的具体制度和规定主要有（　　）。
   A. 客户投诉受理规定　　　　B. 客户投诉处理程序规定
   C. 客户投诉处理质量跟踪制度　D. 客户投诉处理评估制度
   E. 客户投诉信息管理制度

6. 企业受理的投诉一般要符合的标准包括（　　）。
   A. 有明确的投诉人　　　　　B. 有列举的投诉事项
   C. 有实在的损害后果　　　　D. 有明确的投诉要求
   E. 投诉属于企业所受理的范围

7. 以下哪些方面属于有效处理客户抱怨的技巧？（　　）
   A. 员工以平和的心态应对客户抱怨
   B. 员工应该抱有个别客户抱怨无关大碍的心态，以减轻心理负担
   C. 用真诚的微笑化解顾客的激愤情绪
   D. 运用非语言方式与顾客进行沟通
   E. 以拖延的方式应对顾客抱怨

8. 客户投诉的管理策略主要包括（　　）。
   A. 建立健全各种规章制度　　B. 确定受理投诉的标准
   C. 一旦出现客户投诉，应及时处理　D. 处理问题时应分清责任

E. 建立投诉处理系统

9. 在以下各类流失客户中，哪几类属于企业需要重新争取的客户？（　　）
   A. 迁移客户　　　　　　　　B. 无意推走的客户
   C. 被收买的客户　　　　　　D. 被拉走的客户
   E. 无意离去的客户

10. 若企业要与那些"无意推走的客户"恢复客户关系，一般的做法应该是（　　）。
    A. 企业要向客户澄清事实并说明原因
    B. 企业向客户提供解决问题的方案
    C. 企业针对竞争对手出价的优越性认真分析原因
    D. 根据客户价值决定是否值得向该客户提供比竞争对手更具吸引力的条件
    E. 企业说服客户改变与企业断绝业务关系的初衷

三、名词解释

客户投诉　　　　　　损害　　　　　　服务补救

四、简答题

1. 简述客户投诉的含义及其对企业的意义。
2. 如何理解客户投诉？一般客户在投诉中的利益主张表现在哪些方面？
3. 简述客户投诉的一般原因及其产生的根源。
4. 简述有效处理客户抱怨的技巧。
5. 简述客户投诉的障碍中源于客户自身障碍的具体表现。
6. 流失客户可以被分为哪几种类型？企业要争取与之恢复客户关系的是其中的哪几类？

五、论述题

1. 试述客户投诉管理的要求和步骤。
2. 试述服务补救的含义、必要性以及实施的具体策略。

六、案例分析题

晨光的顾客投诉处理

2011年某日，在某购物广场，顾客服务中心接到一起顾客投诉，顾客说从商场购买的"晨光"酸牛奶中喝出了苍蝇。投诉的内容大致是：顾客李女士从商场购买了晨光酸牛奶后，马上去一家餐馆吃饭，吃完饭李女士随手拿出酸牛奶让自己的孩子喝，自己则在一边跟朋友聊天，突然听见孩子大叫："妈妈，这里有苍蝇。"李女士寻声望去，看见小孩喝的酸牛奶盒里（当时酸奶盒已被孩子用手撕开）有只苍蝇。李女士当时火冒三丈，带着小孩来商场投诉。正在这时，有位商场值班经理看见便走过来说："你既然说有问题，那就带小孩去医院，有问题我们负责！"顾客听到后，更是火上加油，大声喊："你负责？好，现在我让你去吃10只苍蝇，我带你去医院检查，我来负责好不好？"边说边在商场里大喊大叫，并口口声声说要去"消协"投诉，引起了许多顾客围观。

该购物广场顾客服务中心负责人听后马上前来处理，赶快让那位值班经理离开，又把顾客请到办公室交谈，一边道歉一边耐心地询问了事情的经过。询问重点：①发现苍蝇的地点（确定餐厅卫生情况）；②确认当时酸牛奶的盒子是撕开状态而不是只插了吸管的封闭状态；③确认当时发现苍蝇是小孩先发现的，大人不在场；④询问在以前购买"晨光"牛奶有无相似情况？在了解了情况后，商场方提出了处理建议，但由于顾客对值班经理"有问题去医院检查，我们负责"的话一直耿耿于怀，不愿接受商场客服中心负责人的道歉与建议，使交谈僵持了两个多小时之久，依然没有结果，最后商场负责人只好让顾客留下联系电话，提出换个时间再与其进行协商。

第二天，商场负责人给该顾客打了电话，告诉顾客，我们商场已与"晨光"牛奶公司取得联系，希望能邀请顾客去"晨光"牛奶厂家参观了解（晨光牛奶的流水生产线：生产—包装—检验全过程均在无菌封闭的操作间进行的），并提出，本着商场对顾客负责的态度，如果顾客同意，我们可以联系相关检验部门对苍蝇的死亡时间进行鉴定与确认。由于顾客接到电话时已经过了气头，冷静下来了，而且也感觉商场负责人对此事的处理方法认真严谨，顾客的态度一下缓和了许多。这时商场又对值班经理的处理方式做了道歉，并对当时顾客发现苍蝇的地点（并非是环境很干净的小饭店）和时间（大人不在现场、酸奶盒没有封闭，已被孩子撕开）等情况做了分析，让顾客知道这一系列情况都不排除是苍蝇落入（而非牛奶本身带有）酸奶的因素。

通过商场负责人的不断沟通，该顾客终于不再生气了，最后告诉商场负责人，他们其实最生气的是那位值班经理说的话，既然商场对这件事这么重视并认真负责处理，所以他们也就不再追究了，他们也相信苍蝇有可能是小孩喝牛奶时从空中掉进去的。顾客说："既然你们真的这么认真地处理这件事，我们也不会再计较，现在就可以把购物小票撕掉，你们放心，我们会说到做到的，不会对这件小事再纠缠了！"

资料来源：http://www.cakeok.cn/center/2011/0228/article_762.html [2014-05-05].

【问题讨论】

结合本案例，讨论以下问题：

在这起企业应对客户投诉的事件中，有什么值得借鉴的经验？

参 考 答 案

一、单项选择题

1. A   2. B   3. A   4. C   5. D

6. D   7. A   8. B   9. D   10. A

二、多项选择题

1. ABCDE   2. AB   3. ABCD   4. ABCE   5. ABCDE

6. ABCDE   7. ACDE   8. ABCDE   9. BDE   10. ABE

三、名词解释

客户投诉：是指客户在接受和使用产品和服务的过程中，发现或认为其中存在问题，自己的利益受到侵害，因而向企业提出诉求，其中包括要求解决有关问题、补救服务失误、赔偿一定损失等的做法。

损害：是指因企业过错、提供的产品和服务存在问题，造成客户的权益呈"不利益状态"。

服务补救：是指服务性企业在对客户提供服务出现失败和错误的情况下，对客户的不满和抱怨当即做出的补救性反应。

四、简答题

1. 客户投诉，是指客户在接受和使用产品和服务的过程中，发现或认为其中存在问题，自己的利益受到侵害，因而向企业提出诉求，其中包括要求解决有关问题、补救服务失误、赔偿一定损失等的做法。

客户投诉对企业的意义有以下几点：①可以使企业及时发现产品和服务的失误；②开创新的商机；③使企业有再次赢得客户的机会；④为企业建立和巩固良好的形象提供机会。

2. 应该从以下几个方面全面理解客户投诉：投诉的提起人应是客户；投诉以企业为其追究的责任人；投诉的直接对象是员工；投诉以投诉问题存在为前提；投诉以实现客户利益主张为目的。

一般而言，客户投诉时的权益主张会表现为以下三个方面：①损害赔偿；②修理、更换、重做；③非财产损害的赔偿。

3. 客户投诉的一般原因有以下几个方面：①服务未能取得期望效果；②服务表现不佳或失误；③客户的服务要求超越企业和员工的服务能力。

归根到底，是产品和服务没能达到客户的期望，没能满足客户的需求。

4. 有效处理客户抱怨的技巧主要有以下六个方面：

（1）以不变应万变的技巧：员工应该以不变应万变，始终保持一种平和的心态，做到心静如水，以柔克刚。

（2）以微笑应对顾客抱怨的技巧：员工应该用真诚的微笑化解顾客的激愤情绪。

（3）以重视的态度应对顾客抱怨的技巧：员工在应对顾客的抱怨时，要以重视的态度，以及站在企业生死存亡的高度来看待，切不可以个别顾客抱怨无关大碍的麻痹心理来应对顾客。

（4）以非语言沟通应对顾客抱怨的技巧：员工可以用眼神、点头以及友善的握手以给人坦诚相见的印象。

（5）以移情的方式应对顾客抱怨的技巧。

（6）以拖延方式应对顾客抱怨的技巧：如果员工对顾客的抱怨一时找不到其中的缘由，或者有些抱怨根本就不能成立，或弄清了缘由但一时无法解决，这时最好的应对办法就是拖延。

5. 客户投诉的障碍中源于客户自身的障碍有以下几个方面：

（1）客户认为"抱怨也没用"，因为企业对客户的不满情绪置之不理，任其自生自灭。

（2）客户感到"抱怨实施很麻烦"，因为企业复杂的投诉处理程序、企业部门间对于投诉问题的相互推诿，以及企业对客户投诉的"冷处理"。

（3）客户感到"抱怨会使人觉得不好意思或咄咄逼人"。

（4）客户认为"市场上提供了许多可选择的产品和服务，与其抱怨，不如换个选购对象"。

（5）客户感到"真正要投诉证据尚不足"。这是对于产品责任制的不了解而产生的心理障碍。

6. 流失客户可以被分为六种类型：

（1）有意推走的客户，即企业出于收益原因有意与其断绝业务关系的客户。

（2）无意推走的客户，即企业提供的产品或服务不符合客户的预期，导致客户对企业不满意，从而引起客户流失。

（3）被拉走的客户，即竞争对手通过更优质的产品或服务来吸引客户，从而导致本企业客户流失。

（4）被收买的客户，即竞争对手提供的产品和服务质量并不见得优于本企业，但是，竞争对手向特定客户提供特殊的、经正常途径无法获得的金钱利益，引诱客户变换原先的供应商。

（5）无意离去的客户，即客户出于某种原因无法维持原先的合约关系，被迫与供应商终止业务关系。

（6）迁移客户，即客户情况有变化，不可能继续成为企业的客户，如客户公司破产、改行或迁出本企业的服务区域等。

企业要争取与之恢复客户关系的有三类，即无意推走的客户、被拉走的客户和无意离去的客户。

五、论述题

1. 答案要点：①建立客户投诉管理制度；②确立客户投诉的受理标准；③建立投诉处理系统；④一旦出现投诉，应及时处理；⑤分清相关责任，确保问题妥善解决。

2. 答案要点：服务补救是指服务性企业在对客户提供服务出现失败和错误的情况下，对客户的不满和抱怨当即做出的补救性反应，其目的是通过这种反应，重新建立客户满意度和忠诚度。

服务补救的必要性表现在：①服务补救直接关系到客户满意度和忠诚度，当企业提供了令客户不满的服务后，这种不满能给客户留下很深的记忆，但企业随即采取的服务补救会给客户留下更深的印象。②在服务性行业中，客户的品牌忠诚度很高，表现为一方面，满意的客户愿成为企业的"回头客"，大量重复地购买，对企业服务的价值极度信任；另一方面，把品牌忠诚作为购买成本、减少购买风险的手段，绝不会轻易地转换服务产品的品牌。③一项研究数据表明，企业吸引新客户的成本是企业留住老客户成本的4~5倍。因此，在首次服务使客户产生不满和抱怨时，企业应该明确那些抱怨和不满的客户是对企业仍抱有期望的忠诚客户，企业必须做出及时的服务补救，以期重建客户满意度和忠诚度。④一项服务性企业调查显示，如果客户得不到应有的满足，他会把这种不满告诉其他 9~16 个人；相反，如果客户得到了满足只愿把这种满足告诉其他 4~5 个人。

实施服务补救的具体策略包括：①跟踪并预期补救良机；②重视客户问题；③尽快解决问题；④授予一线员工解决问题的权力；⑤从补救中汲取经验教训。

六、案例分析题

结合案例材料并参考教材中的相关内容作答，具体答案从略。

全真模拟演练（一）

（考试时间150分钟）

总分		题号	一	二	三	四	五	六
核分人		得分	20	20	9	25	10	16
复查人		得分						

一、单项选择题（本大题共 20 小题，每小题 1 分，共 20 分。在每小题列出的四个备选项中只有一个是符合题目要求的，请将其代码填写在题后的括号内。错选、多选或未选均无分。）

1. 从本质上讲，企业是一种（　　）。
   A. 经济组织　　　　　　　　B. 政治组织
   C. 非营利组织　　　　　　　D. 社会组织

2. 直接客户属于（　　）。
   A. 内部客户　　　　　　　　B. 外部客户
   C. 水平支援型客户　　　　　D. 小组合作型客户

3. 客户认识和选择服务的起点是（　　）。
   A. 可靠度　　　　　　　　　B. 同理度
   C. 响应度　　　　　　　　　D. 有形度

4. 下列哪项属于客户服务内部质量管理的特点（　　）。
   A. 主观性强　　　　　　　　B. 容易测量
   C. 成本低　　　　　　　　　D. 以人为本

5. 对企业而言，最佳顾客是（　　）。
   A. 大客户　　　　　　　　　B. 核心客户
   C. 关键客户　　　　　　　　D. 一般老客户

6. 新产品解决方案的最佳潜在客户是（　　）。
   A. 普通客户　　　　　　　　B. 既有客户
   C. 新兴客户　　　　　　　　D. 待开发客户

7. 在很多情况下，企业将为顾客送去他们需要的产品，而不是让顾客自己寻购产品。企业记得客户并经常与客户进行交流，从而了解客户，进而能为客户提供一些竞争对手不能提供的服务。我们把企业与顾客的这种关系称为（　　）。
   A. 学习型关系　　　　　　　B. 互信型关系

C. 互惠型关系 D. 目的型关系

8. 随着工业时代向信息时代的过渡，企业运作模式的中心从制造和技术转为（　　）。
   A. 客户　　　B. 供应商　　　C. 营销渠道　　　D. 企业自身

9. 联谊活动的三个层次从低到高分别是（　　）。
   A. 感情型、合作型、信息型　　　B. 合作型、信息型、感情型
   C. 感情型、信息型、合作型　　　D. 合作型、感情型、信息型

10. 投诉的直接对象是（　　）。
    A. 员工　　　　　　　　　　B. 企业
    C. 消费者协会　　　　　　　D. 工商行政主管部门

11. 代理人依据被代理人的授权而进行的代理属于（　　）。
    A. 指定代理　　　　　　　　B. 法定代理
    C. 委托代理　　　　　　　　D. 意定代理

12. 间接客户属于（　　）。
    A. 内部客户　　　　　　　　B. 外部客户
    C. 水平支援型客户　　　　　D. 小组合作型客户

13. （　　）是指服务人员能在多大程度上理解客户的需求，理解客户的想法，设身处地地为客户着想，给予客户特别的关注。
    A. 可靠度　　　　　　　　　B. 有形度
    C. 响应度　　　　　　　　　D. 同理度

14. 核心客户中，能为企业带来最大利润的客户是（　　）。
    A. 大客户　　　　　　　　　B. VIP客户
    C. 关键客户　　　　　　　　D. 一般老客户

15. 通过多样化的手段调查计划执行结果属于休哈特-戴明环的哪个阶段？（　　）
    A. 计划阶段　　　　　　　　B. 执行阶段
    C. 检查阶段　　　　　　　　D. 收尾阶段

16. 客户对内在功能和外在形态表现相结合的实体物品，归属于自己所有的需要属于（　　）。
    A. 既定的需要　　　　　　　B. 增长的需要
    C. 特定客户需要　　　　　　D. 物质需要

17. 价值要素中，（　　）由产品的功能、特性、技术含量、品质或样式等组成。
    A. 服务价值　　　　　　　　B. 人员价值
    C. 形象价值　　　　　　　　D. 产品价值

18. 影响大客户忠诚度的因素中，（　　）是对客户表示尊重的最佳途径。
    A. 完美的采购经历　　　　　B. 优质的服务
    C. 使大客户参与企业决策　　D. 产品差异化

19. 客户对企业提供的产品形式和外延层的消费过程中产生的满意是（　　）。
    A. 理念满意　　　　　　　　B. 视觉满意
    C. 行为满意　　　　　　　　D. 精神满意

20. 在金字塔客户的第一类分类中，在过去特定期间内，依购买金额所占最多的1%的

客户是（　　）。
 A. 关键客户 B. 主要客户
 C. 普通客户 D. VIP 客户

二、多项选择题（本大题共 10 小题，每小题 2 分，共 20 分。在每小题列出的五个备选项中至少有两个是符合题目要求的，请将其代码填写在题后的括号内。错选、多选或未选均无分。）

21. 客户服务的认知和发展阶段包括（　　）。
 A. 客户服务是售后服务 B. 客户服务是产品服务
 C. 客户服务是附加服务 D. 客户服务是低成本服务
 E. 客户服务是提供产品和服务以能满足客户需要的行为

22. 企业的内部客户包括（　　）。
 A. 水平支援型 B. 上下源流型
 C. 直接客户型 D. 小组合作型
 E. 间接客户型

23. 客户对服务的要求主要包括（　　）。
 A. 可靠度 B. 有形度 C. 响应度 D. 同理度
 E. 专业度

24. 造成企业客户流失的原因有（　　）。
 A. 因价值而流失 B. 因系统而流失
 C. 因员工而流失 D. 因服务而流失
 E. 因细节而流失

25. 在客户金字塔第一种分类中，将客户划分为（　　）。
 A. 主要客户 B. 普通客户 C. 一般客户 D. 小客户
 E. VIP 客户

26. 对于客户而言，针对其某一特定需求可以表现在哪几个方面？（　　）
 A. 客户表达的外在需求 B. 客户必需的实际需求
 C. 非功能需求 D. 需求背后的隐性需求
 E. 客户的业务需求

27. 以下哪几种谋略能帮助企业在"个性化服务"中取胜？（　　）
 A. 向顾客做出承诺，并履行承诺 B. 与顾客结盟
 C. 实施客户关系管理（CRM） D. 实施供应链管理（SCM）
 E. 以"网"取胜

28. 在客户服务中心的发展历程中，经历了以下哪些客户服务中心系统？（　　）
 A. IVR 系统 B. 人工热线电话系统
 C. 自动呼叫分配子系统 D. 客户交互中心
 E. 兼有自动语音和人工服务的客户服务系统

29. 联谊活动的形式有（　　）。
 A. 感情型 B. 信息型

C. 信任型　　　D. 合作型　　　E. 协助型

30. 客户投诉对于企业而言，其主要意义在于（　　）。
    A. 使企业及时发现产品和服务的失误
    B. 开创新的商机
    C. 使企业有再次赢得客户的机会
    D. 为企业建立和巩固良好的形象提供机会
    E. 使企业防止客户流失

三、名词解释题（本大题共 3 小题，每小题 3 分，共 9 分）

31. 客户服务
32. 诱导法
33. 交互式语音应答系统（IVR）

四、简答题（本大题共 5 小题，每小题 5 分，共 25 分）

34. 简述客户服务员工的作用。
35. 简述健谈型客户的服务技巧。
36. 简述全面质量管理的基本思路。
37. 简述客户服务内部质量管理的特点。
38. 简述客户服务中心的发展历程。

五、案例分析题（本题 10 分）

39.　　　　　　　　　中国银行理财服务全面升级

中国银行深圳分行最近宣布推出了"中银理财贵宾卡"、"中银理财腾卡"、"中银理财长城 V 账户卡"。但这不是一次普通的换卡行动，中国银行深圳分行个人金融部总经理叶新阶介绍，"这标志着中国银行理财服务全面升级，通过换卡，中国银行将搭建新的客户服务管理平台"。目前国内银行在理财服务市场上的趋于白热化，在中国银行此次升级客户服务体系过程中，已经有多家银行宣布推出新的理财服务，而中国银行的升级服务将这一市场的竞争提高到一个新的层次。据了解，根据该行对客户划分，目前该行存款在 50 万元以上、可享有贵宾卡服务的客户数量达到 10 万人。

问题：（1）中国银行宣布推出了"中银理财贵宾卡"等说明什么？
　　　（2）如何衡量顾客的满意程度？

六、论述题（本大题共 2 小题，每小题 8 分，共 16 分）

40. 试述如何树立正确的客户服务理念。
41. 试述 PDCE 循环的四个阶段。

全真模拟演练(一) 参考答案及解析

一、单项选择题(本大题共20小题,每小题1分,共20分)

1. A   2. B   3. D   4. A   5. B
6. B   7. A   8. A   9. C   10. A
11. C 12. B 13. D 14. A 15. C
16. D 17. D 18. C 19. D 20. D

二、多项选择题(本大题共10小题,每小题2分,共20分)

21. ABE   22. ABD   23. ABCDE   24. ABC   25. ABDE
26. ABD   27. BDE   28. ABDE   29. ABD   30. ABCDE

三、名词解释题(本大题共3小题,每小题3分,共9分)

31. 客户服务是指企业通过其员工提供产品和服务以满足客户需要的行为。(3分)

32. 诱导法是指对沉默型客户,利用不断发问的技巧,迫使对方不得不回答你的问题的方法。只要对方开口,就可根据他的回答来准备对策。(3分)

33. 交互式语音应答系统是指利用计算机语音合成技术,通过计算机播放语音完成与用户的信息交互的系统。(3分)

四、简答题(本大题共5小题,每小题5分,共25分)

34. 客户服务员工的作用有:
(1) 通过企业内部的专业化分工与协作,形成企业的劳动与工作系统;(1分)
(2) 企业员工不论身份如何,一旦进入岗位,都是客户服务的主要角色;(1分)
(3) 企业员工因为岗位、地位、权力、影响力不同,为客户服务所做的贡献也有大小,但都是企业客户服务总体不可或缺的一部分;(1分)
(4) 对于社会、市场、客户而言,与其打交道的企业员工,都是企业的服务代表、企业客户服务的具体执行人。(2分)

35. 对待健谈型客户,可以采取以下方法:
(1) 不怕苦、不胆怯;(1分)
(2) 适当倾听,适时恭维;(2分)
(3) 严格限制交谈时间;(2分)

36. 全面质量管理的基本思路概括如下:
(1) 坚持"用户第一"和"预防为主"的观点;(1分)
(2) 质量是全面的质量;(1分)
(3) 质量管理是全过程管理;(1分)

(4) 质量管理是全员性的管理；(1分)
(5) 质量管理是全方位的管理，即要采用多样化的质量监控方法。(1分)

37. 客户服务内部质量管理的特点有：
(1) 主观性强；(1分)
(2) 难以评估；(2分)
(3) 成本高。(2分)

38. 客户服务中心的发展历程经历了四个阶段：
(1) 第一代客户服务中心是人工热线电话系统；(1分)
(2) 第二代客户服务中心是交互式自动语音应答系统；(1分)
(3) 第三代客户服务中心是兼有自动语音和人工服务的客户服务系统；(1分)
(4) 第四代客户服务中心是客户互动中心。(2分)

五、案例分析题（本题 10 分）

39. (1) 这说明了：国内银行在理财服务市场上的竞争已经趋于白热化；(1分) 企业应不断追求客户的高度满意；(2分) 客户一旦发现更好或者更便宜的产品后，会很快的更换产品供应商，只有那些高度满意的客户一般不会更换供应商。(2分)

(2) 衡量客户满意程度的指标通常包括：美誉度；(1分) 回头率；(1分) 抱怨率；(1分) 销售力；(1分) 知名度。(1分)

六、论述题（本大题共 2 小题，每小题 8 分，共 16 分）

40. 服务是企业基本经营理念的核心部分，企业必须牢固树立"企业所做的一切都是为客户提供最优质的服务"这种理念。要想树立正确的客户服务理念，必须做到：①要树立以客户的需求为导向，开展客户服务工作的服务理念；(4分) ②要牢固树立起为客户服务就是为客户创造价值的服务理念。(4分)

41. PDCA 循环的四个阶段为：①计划阶段。(1分) 通过现场管理和调查发现客户服务工作中存在的问题。(1分) 应用统计方法和团队经验分析产生问题的原因。(1分) 找出对工作流程实施影响最大的因素。制订解决问题的工作计划，拟定改进措施。(1分) ②执行阶段。执行措施计划。(1分) ③检查阶段。通过多样化的手段调查计划执行结果。(1分) ④行动阶段。巩固取得的成绩。(1分) 提出尚未解决的遗留问题。(1分)

全真模拟演练（二）

（考试时间 150 分钟）

总分		题号	一	二	三	四	五	六
核分人		得分	20	20	9	25	10	16
复查人		得分						

一、单项选择题（本大题共 20 小题，每小题 1 分，共 20 分。在每小题列出的四个备选项中只有一个是符合题目要求的，请将其代码填写在题后的括号内。错选、多选或未选均无分。）

1. 产品和服务的问题如果是由第三者发现并向企业提出，属于（　　）。
   A. 第三方投诉　　　　　　　　B. 市场情况反映
   C. 综合投诉　　　　　　　　　D. 共同投诉
2. 彼此独立工作，如遇困难则相互帮助，这种客户是（　　）。
   A. 内部客户　　　　　　　　　B. 外部客户
   C. 水平支援型客户　　　　　　D. 上下源流型客户
3. 企业的服务效率和服务速度体现在（　　）。
   A. 可靠度　　B. 有形度　　C. 响应度　　D. 同理度
4. 客户服务质量管理的原则是（　　）。
   A. 效率优先　　　　　　　　　B. 以产品质量为中心
   C. 以人为本　　　　　　　　　D. 降低成本
5. 在金字塔客户的第一类分类中，最上层的客户是（　　）。
   A. 关键客户　　　　　　　　　B. 主要客户
   C. 普通客户　　　　　　　　　D. VIP 客户
6. 常规性进入客户的途径一般是（　　）。
   A. 销售—采购人员—有影响的人—决策者
   B. 采购人员—销售—决策者—有影响的人
   C. 决策者—采购人员—有影响的人—销售
   D. 有影响的人—采购人员—销售—决策者
7. 企业把顾客划分为十等份，分析某一段时间内每 10% 的顾客对总利润和总销售额的贡献率，这种方法被称为（　　）。
   A. 顾客十分位分析　　　　　　B. 货币十分位分析

C. 帕累托分析 D. 贡献率分段分析

8. 客户服务中心最早源于（ ）。
   A. 酒店业　　B. 通信业　　C. 民航业　　D. 餐饮业

9. 联谊活动的最终体现是（ ）。
   A. 感情型　　B. 信息型　　C. 合作型　　D. 协同型

10. 企业为社会组织或个人提供的客户服务是（ ）。
    A. 客户服务　　　　　　　B. 外部客户服务
    C. 内部客户服务　　　　　D. 企业整体服务

11. 在制订客户发展计划的过程中，需要进行信息收集。信息可以分为四个等级，第四级信息来源于（ ）。
    A. 客户企业内部的高层　　B. 行业分析报告
    C. 有关客户的需求和预算　D. 客户企业年度报告

12. 人对自己的情感、情绪的控制管理能力和在社会人际关系中的交往、调节能力是指（ ）。
    A. 智力　　　　　　　　　B. 自我管控能力
    C. 情商　　　　　　　　　D. 沟通能力

13. 联谊活动的类型从低到高有三个层次，其中，最高层次的联谊活动类型是（ ）。
    A. 感性型　　B. 信息型　　C. 合作型　　D. 沟通型

14. 客户投诉的利益主张会涉及产品的修理、更换、重做，其中成本最低的是（ ）。
    A. 修理　　　B. 更换　　　C. 重做　　　D. 以上皆是

15. 第三阶段的客户服务中心是在第二阶段的基础上引入（ ）。
    A. CIC 系统　B. CTI 技术　C. IVR 系统　D. PBX 系统

16. 就需求而言，客户需要的主导者是（ ）。
    A. 企业　　　B. 客户　　　C. 政府　　　D. 零售商

17. 培养忠诚客户的最有效方法是（ ）。
    A. 满足客户需求　　　　　B. 将客户成本降为零
    C. 完善客户服务　　　　　D. 提升客户价值

18. 诱导法比较适用于（ ）。
    A. 男性顾客　　　　　　　B. 沉默型顾客
    C. 女性顾客　　　　　　　D. 健谈型顾客

19. 客户消费某企业的产品或服务之后再次消费，衡量客户满意度的指标是（ ）。
    A. 美誉度　　B. 知名度　　C. 回头率　　D. 销售力

20. 使得竞争对手难以与某特定大客户建立起交易关系，从而达到加强我方与大客户关系的目的，该策略成功的关键因素是（ ）。
    A. 巩固退出障碍　　　　　B. 竞争对手
    C. 信任　　　　　　　　　D. 制造进入障碍

二、多项选择题（本大题共 10 小题，每小题 2 分，共 20 分。在每小题列出的五个备选项中至少有两个是符合题目要求的，请将其代码填写在题后的括号内。错选、多选或未选均无分。）

21. 客户服务的特点包括（   ）。
    A. 目的的层次性　　　　　　B. 系统性
    C. 及时性　　D. 多样性　　E. 变革性

22. 按照客户所处的时间状态，客户可划分为（   ）。
    A. 过去客户　　B. 现在客户　　C. 将来客户
    D. 间接客户　　E. 潜在客户

23. 在客户服务人员的控制范围之内，并且通过努力就能克服的障碍包括（   ）。
    A. 懒惰　　B. 态度问题　　C. 情绪化
    D. 不可靠的设备　　　　E. 糟糕的时间管理

24. 客户服务内部质量管理的特点包括（   ）。
    A. 主观性强　　B. 系统性　　C. 及时性
    D. 难以评估　　E. 成本高

25. 在客户金字塔第二种分类中，将客户划分为（   ）。
    A. 铂金层级　　B. 黄金层级　　C. 钢铁层级
    D. 重铅层级　　E. 一般层级

26. 客户维护的价值主要体现在（   ）。
    A. 实现对客户资源有效的管理和利用　　B. 合理使用与客户有关的资源
    C. 对企业进行优化配置　　　　　　　　D. 扩大企业的销售，降低企业的成本
    E. 改善服务，提高效率，实现企业对外平台的统一化

27. 在对员工进行服务培训时，重点应该放在（   ）。
    A. 个性化营销　　　　　　B. 注重与顾客交流
    C. 寻找有利可图的顾客　　D. 员工价值观培训
    E. 数据分析细分顾客群

28. 客户中心的发展趋势包括（   ）。
    A. 从以 PBX 为核心逐步转变为以 IVR 技术为核心
    B. Internet 与呼叫中心的融合
    C. 一体化技术改变呼叫中心的构建基础
    D. 系统趋于开放并符合标准
    E. 从以 PBX 为核心逐步转变为以 CTI 技术为核心

29. 联谊活动的原则有（   ）。
    A. 真诚互利原则　　　　B. 活动多样原则
    C. 节省成本原则　　　　D. 主题鲜明原则
    E. 整体效益原则

30. 客户投诉内容主要包括（   ）。
    A. 投诉事实　　　　　　B. 投诉要求

C. 投诉问题 D. 投诉事件
E. 投诉事项

三、名词解释题（本大题共 3 小题，每小题 3 分，共 9 分）

31. 产品服务
32. 大客户
33. 联谊活动

四、简答题（本大题共 5 小题，每小题 5 分，共 25 分）

34. 简述服务产品在客户服务中的作用。
35. 简述客户开发的内容。
36. 简述客户关系管理的功能。
37. 简述进行员工服务培训时的重点方面。
38. 简述 CIC（客户交互中心）的特点。

五、案例分析题（本题 10 分）

39. 屈臣氏个人护理用品商店

屈臣氏纵向截取目标消费群中的一部分优质客户，横向做精、做细、做全目标客户市场，倡导"健康、美态、欢乐"经营理念，锁定 18～35 岁的年轻女性消费群，专注于个人护理与保健品的经营。屈臣氏认为这个年龄段的女性消费者是最富有挑战精神的。她们喜欢用最好的产品，寻求新奇体验，追求时尚，愿意在朋友面前展示自我。她们更愿意用金钱为自己带来大的变革，愿意进行各种新的尝试。而之所以更关注 35 岁以下的消费者，是因为年龄更长一些的女性大多早已经有了自己固定的品牌和生活方式了。

深度研究目标消费群体心理与消费趋势，自有品牌产品从品质到包装全方位考虑顾客需求，同时降低了产品开发成本，也创造了价格优势。

问题：（1）如何提前预测客户需求？
（2）如何理解客户对服务的要求？

六、论述题（本大题共 2 小题，每小题 8 分，共 16 分）

40. 试述如何根据客户的不同需求设计 CS 经营战略的原则。
41. 试述建立客户流失预警机制的主要步骤。

全真模拟演练（二）参考答案及解析

一、单项选择题（本大题共 20 小题，每小题 1 分，共 20 分）

1. B	2. C	3. C	4. C	5. D
6. A	7. B	8. C	9. C	10. B
11. A	12. C	13. C	14. A	15. B
16. B	17. B	18. B	19. C	20. D

二、多项选择题（本大题共 10 小题，每小题 2 分，共 20 分）

21. ABCDE	22. ABC	23. ABCE	24. ADE	25. ABCD
26. ABCDE	27. ABCE	28. BCDE	29. AE	30. AB

三、名词解释题（本大题共 3 小题，每小题 3 分，共 9 分）

31. 产品服务是指围绕着产品的交易和使用而展开的、为客户所需要的服务产品的附加服务。（3分）

32. 大客户是指那些能给企业带来大利润的客户，是对企业的生存与发展起着举足轻重的作用。（3分）

33. 联谊活动是指社会组织为了达到员工之间、社会组织与公众之间联络感情、增进友谊的目的而组织的活动。（3分）

四、简答题（本大题共 5 小题，每小题 5 分，共 25 分）

34. 服务产品在客户服务中的作用包括：
（1）产品价值是客户价值的第一要素；（1分）
（2）品牌对于客户服务的驱动作用；（1分）
（3）产品具体体现客户的利益；（1分）
（4）服务产品决定产品服务。（2分）

35. 客户开发工作的内容主要有以下五点：
（1）客户线索寻找；（1分）
（2）评估销售机会；（1分）
（3）通过客户分析，判断项目是否符合公司战略规划、市场定位及产品与技术的经营方向；（1分）
（4）判断客户属于A级、B级、C级、D级的哪一级别，明确客户的类型，填写客户跟进表；（1分）
（5）通过客户开发，提高现有客户的使用率，增加新客户的市场占有率，保持新客户的增长，稳步提升公司的经营业绩。（1分）

36. 客户关系管理具有四大功能：

(1) 客户的信息管理；(1分)
(2) 市场营销管理；(1分)
(3) 销售团队管理；(1分)
(4) 服务管理和客户关怀。(2分)

37. 进行员工服务培训时的重点方面应包括以下四个方面：
(1) 通过顾客关系管理，进行"个性化营销"；(1分)
(2) 注重与顾客交流；(1分)
(3) 寻找有利可图的顾客，进行顾客关系管理定位分析，确定营销目标；(1分)
(4) 通过数据分析细分顾客群。(2分)

38. CIC具有以下五个方面的特点：
(1) 先进灵活的系统结构；(1分)
(2) 卓越的客户服务接入能力；(1分)
(3) 快速简单生成新业务的支撑能力；(1分)
(4) 强大、独立的自动语音资源功能；(1分)
(5) 完善而全面的虚拟客户服务中心解决方案。(1分)

五、案例分析题（本题10分）

39. (1) 提前预测客户需求有：信息需求；(1分) 环境需求；(1分) 情感需求；(1分) 便利需求。(2分)
(2) 客户对服务的要求有：可靠度；(1分) 有形度；(1分) 同理度；(1分) 响应度；(1分) 专业度；(1分)

六、论述题（本大题共2小题，每小题8分，共16分）

40. 企业将客户满意作为一种经营战略，也就是通常所说的CS战略。(1分) CS战略是企业为使客户能完全满意自己的产品或服务，综合而客观地测定客户的满意程度，并根据调查分析结果，整个企业一起来改善产品、服务及企业文化的一种经营战略。(2分) 具体内容如下：①满足客户的现实需要；(1分) ②开发客户的潜在需求；(1分) ③适应客户需求的变化；(1分) ④小心"100－1＝0"的等式原则。其意为，尽管有100个客户对你的企业感到满意，但只要有一个客户说不，你的企业知名度马上就会变成零；(1分) ⑤让客户有宾至如归的感觉。(1分)

41. 主要步骤如下：
(1) 收集客户信息；(2分)；
(2) 综合分析；(2分)
(3) 识别客户流失的预警信号；(2分)
(4) 建立有效的客户流失预警体系。(2分)

全真模拟演练（三）

（考试时间 150 分钟）

总分		题号	一	二	三	四	五	六
核分人		得分	20	20	9	25	10	16
复查人		得分						

一、单项选择题（本大题共 20 小题，每小题 1 分，共 20 分。在每小题列出的四个备选项中只有一个是符合题目要求的，请将其代码填写在题后的括号内。错选、多选或未选均无分。）

1. 企业经营的重心是（　　）。
   A. 满足需求　　　　　　　　B. 获取利润
   C. 员工满意　　　　　　　　D. 开展客户服务
2. 常用于了解零售业客户需求的方法是（　　）。
   A. 问卷调查　　　　　　　　B. 面谈
   C. 模拟购买　　　　　　　　D. 第三方调查
3. 客户需求中最难预测的是（　　）。
   A. 信息需求　　　　　　　　B. 环境需求
   C. 情感需求　　　　　　　　D. 便利需求
4. 客户满意的最主要决策层是（　　）。
   A. 理念满意　　B. 行为满意　　C. 服务满意　　D. 视觉满意
5. 客户数量众多，能消化企业的产能，但其消费水平、忠诚度和盈利能力不值得企业去特殊对待的客户是（　　）。
   A. 铂金客户　　B. 黄金客户　　C. 钢铁客户　　D. 重铅客户
6. 客户关系管理的出发点是（　　）。
   A. 稳定的客户关系　　　　　　B. 建立复杂的客户网络
   C. 开发大量的潜在客户　　　　D. 简化企业的管理程序
7. 国际上比较流行的减压原则是"3R 原则"，即放松、缩减和（　　）。
   A. 倾诉　　　　B. 修复　　　　C. 自信　　　　D. 重整
8. 第四代客户服务中心是（　　）。
   A. 人工热线电话系统　　　　　B. IVR 系统
   C. 客户交互中心　　　　　　　D. 兼有自动语音和人工服务

9. 能使社会组织与社区、政府搞好关系,扩大组织社会影响,使组织在社会获得知名度、美誉度的是(　　)。
   A. 赞助学术理论研究活动　　　　B. 赞助建立某一职业奖励基金
   C. 赞助慈善和福利事业　　　　　D. 赞助文化生活

10. 投诉方式一般表现为上门投诉、信函投诉、电子邮件投诉、电话投诉、媒体投诉等多种形式,其中最具影响力的是(　　)。
    A. 上门投诉　　　　　　　　　B. 电子邮件投诉
    C. 电话投诉　　　　　　　　　D. 媒体曝光

11. 大客户的档案管理中,(　　)包括所有的谈判记录、谈判参与人的身份、我们的谈判过程的回答、下一步的策略、客户产品的订购等信息。
    A. 基本信息　　　　　　　　　B. 重要信息
    C. 核心信息　　　　　　　　　D. 过程管理信息

12. (　　)是指企业伴随实体产品的出售或单独地向客户提供的各种服务所体现的价值。
    A. 服务价值　　B. 人员价值　　C. 形象价值　　D. 产品价值

13. (　　)是指客户对直观可见的外在形象的满意,是顾客认识企业的快速、简单的途径。
    A. 理念满意　　B. 视觉满意　　C. 行为满意　　D. 精神满意

14. 以下属于客户满意的横向层面的是(　　)。
    A. 理念满意　　B. 精神满意　　C. 社会满意　　D. 物质满意

15. 在既定的社会生活条件下,客户形成的并由企业通过提供服务所能实现的需要属于(　　)。
    A. 既定的需要　　　　　　　　B. 增长的需要
    C. 特定客户需要　　　　　　　D. 物质需要

16. CRM的三大功能支柱包括市场营销、客户服务和(　　)。
    A. 销售　　　　B. 信息　　　　C. 客户　　　　D. 沟通

17. 亚马逊网上销售公司研究每一位顾客买过的书,然后根据读者的特点通过互联网向个人推荐新书。这种策略被称作(　　)。
    A. 个性化服务　　　　　　　　B. 多元化销售
    C. 便利性策略　　　　　　　　D. 低成本策略

18. 连接交换机和计算机/计算机网络系统的最重要设备是(　　)。
    A. 数据库系统　　　　　　　　B. CTI服务器
    C. 程控交换机　　　　　　　　D. IVR系统

19. 负责邀请上级领导及有关单位领导参加展览会开幕式以及观看展览的展览会部门一般为(　　)。
    A. 秘书组　　B. 展中组　　C. 宣传组　　D. 外联组

20. 客户关系恢复后,企业从该客户在日后业务关系存续时间内向企业购买产品或服务中直接获得的经济收益被称为(　　)。
    A. 替补流失客户的收益　　　　B. 信息收益

C. 沟通促销收益　　　　　　　D. 客户重构收益

二、多项选择题（本大题共 10 小题，每小题 2 分，共 20 分。在每小题列出的五个备选项中至少有两个是符合题目要求的，请将其代码填写在题后的括号内。错选、多选或未选均无分。）

21. 客户服务变革的方法有（　　）。
    A. 改善　　　B. 降低成本　　　C. 培训
    D. 创新　　　E. 疏导关系

22. 按照客户的表现类型，客户可划分为（　　）。
    A. 要求型客户　　　　　　　B. 困惑型客户
    C. 激动型客户　　　　　　　D. 内部客户
    E. 过去客户

23. 客户需求包括（　　）。
    A. 信息需求　　　　B. 环境需求　　　C. 情感需求
    D. 产品需求　　　　E. 便利需求

24. 客户服务管理的原则主要包括（　　）。
    A. 以人为本　　B. 以客户为中心　　C. 量化原则
    D. 管理者参与　E. 持续改进服务

25. 核心客户管理的步骤包括（　　）。
    A. 识别客户　　　　　　　　B. 识别 20% 的核心客户
    C. 向核心客户提供特别的服务　D. 留住核心客户
    E. 针对核心客户来开发新服务或新产品

26. 维护客户关系的原则包括（　　）。
    A. 动态管理　　B. 突出重点　　C. 灵活运用
    D. 专人负责　　E. 信息收集

27. 全部的营利性关系顾客可以划分为（　　）。
    A. 给公司带来最大盈利的顾客
    B. 带来可观利润并且有可能成为公司最大利润来源的顾客
    C. 能给公司带来 10% 销售量的顾客
    D. 现在能够带来利润，但正在失去价值的顾客
    E. 不能为公司带来利润的顾客

28. 一个 CTI 应用系统的主要部件包括（　　）。
    A. 应用程序　　B. 发送器　　C. 发展工具
    D. 软件平台　　E. 资源附加插卡

29. 以下哪些属于庆典活动的类型？（　　）
    A. 开业庆典　　　　　　　　B. 周年典礼
    C. 落成典礼　　　　　　　　D. 签字仪式典礼
    E. 消费日

30. 涉及产品服务方面投诉的内容主要包括（　　）。
   A. 对服务能力的投诉　　　　B. 对服务态度的投诉
   C. 对服务质量的投诉　　　　D. 对服务礼仪的投诉
   E. 对产品交付的投诉

三、名词解释题（本大题共 3 小题，每小题 3 分，共 9 分）

31. 有形度
32. 客户满意
33. 感性消费时代

四、简答题（本大题共 5 小题，每小题 5 分，共 25 分）

34. 简述影响客户满意度的因素。
35. 简述一般老客户的特征。
36. 简述发掘核心客户价值的方法。
37. 简述客户维护的价值。
38. 简述情商所包含的能力。

五、案例分析题（本题 10 分）

39. "荣华鸡"兴衰之谜

当初"荣华鸡"在北京开店之初就达到了单店 150 万元的单月销售记录，但是在企业运作过程中缺乏标准化，最后导致其产品和服务质量参差不齐，失去了顾客，目前在北京已难觅踪影。还有曾经轰动全国的中式快餐连锁企业"红高粱"，信誓旦旦要与麦当劳、肯德基等国际快餐巨头一决高下，虽然在短期内实现了规模的迅速扩张，但是由于缺少标准化操作，企业很快出现了问题，导致最后退出市场。此后，在国内市场涌现了众多中式快餐品牌，新亚大包、马兰拉面、城隍庙小吃等连锁餐饮企业都曾风光一时，但是随着时间的推移，这些品牌在扩张过程中都遇到了标准化方面的难题，或昙花一现，或裹足不前。曾经在 2005 年风靡北京的土家掉渣饼，曾迅速发展加盟店铺，高峰期一度达 500 余家，但仅仅一年的时间就几乎在北京绝迹。

问题：（1）客户服务质量管理的原则有哪些？
　　　（2）如何提高客户服务质量？

六、论述题（本大题共 2 小题，每小题 8 分，共 16 分）

40. 试述减轻压力的技巧。
41. 试述客户投诉管理的要求和步骤。

全真模拟演练（三）参考答案及解析

一、单项选择题（本大题共 20 小题，每小题 1 分，共 20 分）

1. D 2. C 3. C 4. A 5. C
6. A 7. D 8. C 9. C 10. D
11. D 12. A 13. B 14. A 15. A
16. A 17. A 18. B 19. D 20. D

二、多项选择题（本大题共 10 小题，每小题 2 分，共 20 分）

21. AD 22. ABC 23. ABCE 24. ABCDE 25. BCDE
26. ABCD 27. ABD 28. ACDE 29. ABCDE 30. ABCD

三、名词解释题（本大题共 3 小题，每小题 3 分，共 9 分）

31. 有形度是指有形的设施、设备、人员等外在呈现出来的东西。客户刚开始接受服务的时候，通常是通过有形度来感受的。（3 分）

32. 客户满意是指客户通过对一种产品的可感知的效果或结果与他的期望值相比较后所形成的一种失望或愉悦的感觉状态。（3 分）

33. 感性消费时代是指人们在购买商品时常常诉诸情感，逐渐摒弃了"从众心理"而转向"求异心理"的消费时代。（3 分）

四、简答题（本大题共 5 小题，每小题 5 分，共 25 分）

34. 影响客户满意度的因素有以下几点：
(1) 企业以及产品因素；（1 分）
(2) 情感因素；（1 分）
(3) 服务因素；（1 分）
(4) 沟通因素；（1 分）
(5) 环境因素。（1 分）

35. 一般老客户是指企业的忠诚客户，具有以下特征：
(1) 曾接受过他人推荐的顾客，比只是因为接触广告而上门购买的人，更有忠诚的倾向；（1 分）
(2) 那些以正常售价购买而非促销期间才采购的客户，较具忠诚度；（1 分）
(3) 重复购买、惠顾公司提供的各种产品或服务系列；（1 分）
(4) 对其他竞争者的促销活动有一定的免疫性；（1 分）
(5) 信任品牌，并进行口碑宣传。（1 分）

36. 企业要尽力维持客户关系以便展开销售，使客户的价值最大化。
(1) 企业必须保持与客户的沟通，并不断建立起品牌转换壁垒，使客户不愿意或者不转换购买或选择其创始品牌的产品或服务；（1 分）

(2) 企业的产品策略要根据客户的需求不断升级；(1分)
(3) 与客户建立起学习型关系，不断增强双方的了解和信任程度；(1分)
(4) 必须对核心客户进行跟踪和了解，尽力满足核心客户的多种需求；(1分)
(5) 企业要让核心客户得到比较明显的好处。(1分)

37. 客户维护的价值主要体现在下列五个方面：
(1) 实现对客户资源有效的管理和利用；(1分)
(2) 合理使用、统一规划与客户有关的资源；(1分)
(3) 扩大企业的销售；(1分)
(4) 降低企业的成本，改善服务，提高效率；(1分)
(5) 实现企业对外平台的统一化，对企业进行优化配置。(1分)

38. "情商"包含以下五个方面的能力：
(1) 了解自我；(1分)
(2) 管理自我，调控自我的情绪，使之适时、适地、适度；(1分)
(3) 自我激励，为服从于某一目标而调动、指挥情绪的能力；(1分)
(4) 识别他人情绪；(1分)
(5) 处理人际关系，调控与他人的情绪反应。(1分)

五、案例分析题（本题 10 分）

39. (1) 以人为本原则；(1分) 以客户为中心原则；(1分) 量化原则；(1分) 管理者参与原则；(1分) 对服务的持续改进原则。(1分)
(2) 支持和鼓励；(1分) 反馈；(1分) 培训；(1分) 承担责任；(1分) 疏导关系。(1分)

六、论述题（本大题共 2 小题，每小题 8 分，共 16 分）

40. 减轻压力的技巧有以下几点：①自我心态的调整；(1分) ②不断提高自我能力；(1分) ③合理高效地利用时间；(1分) ④避免拖沓；(1分) ⑤制订切实可行的计划；(1分) ⑥按优先顺序安排工作；(1分) ⑦适时休息；(1分) ⑧培养业余爱好。(1分)

41. 要求和步骤：
(1) 建立客户投诉管理制度，确立客户投诉的受理标准；(2分)
(2) 建立投诉处理系统；(2分)
(3) 一旦出现投诉，及时处理；(2分)
(4) 分清相关责任，确保问题妥善解决。(2分)

全真模拟演练（四）

（考试时间 150 分钟）

总分		题号	一	二	三	四	五	六
核分人		得分	20	20	9	25	10	16
复查人		得分						

一、单项选择题（本大题共 20 小题，每小题 1 分，共 20 分。在每小题列出的四个备选项中只有一个是符合题目要求的，请将其代码填写在题后的括号内。错选、多选或未选均无分。）

1. 客户服务实施的管理包括任务管理和（　　）。
   A. 归口管理　　B. 代理管理　　C. 员工管理　　D. 价值管理
2. 客户对企业的最高要求是（　　）。
   A. 要求的一致性　　　　　　B. 产品的适宜性
   C. 品牌的优异性　　　　　　D. 服务的完美性
3. 下列哪种情况可以成功打造引人入胜的开场白？（　　）
   A. 关注客户需求　　　　　　B. 良好的个人形象
   C. 敬业精神　　　　　　　　D. 友好的问候
4. 客户满意中最基础的层次是（　　）。
   A. 视觉满意　　　　　　　　B. 物质满意层
   C. 精神满意层　　　　　　　D. 社会满意层
5. 在发掘核心客户价值中，如果采用年销售额来计算，企业值得为其建立数据库的顾客是（　　）。
   A. 500 元/年的顾客　　　　　B. 1000 元/年的顾客
   C. 5000 元/年的顾客　　　　 D. 10 000 元/年的顾客
6. 下列哪一个系统不需要直接与客户打交道？（　　）
   A. 操作型 CRM　　　　　　　B. 分析型 CRM
   C. 协作型 CRM　　　　　　　D. 服务型 CRM
7. 有一种是最基本的人际关系能力，具有这种能力的人，能通过细微的社会信号，敏锐地感受到他人的需求与欲望，该能力是（　　）。
   A. 尊重他人的能力　　　　　B. 理解能力
   C. 移情能力　　　　　　　　D. 沟通能力

8. 一般客户的发展阶梯是（　　）。
　　A. 新客户→潜在客户→满意的客户→留住的客户→老客户
　　B. 潜在客户→新客户→满意的客户→留住的客户→老客户
　　C. 老客户→新客户→满意的客户→留住的客户→潜在客户
　　D. 满意的客户→新客户→潜在客户→留住的客户→老客户
9. 中国教育改革 20 年成就展属于（　　）。
　　A. 贸易展览　　B. 宣传展览　　C. 综合展览　　D. 专项展览
10. 对产品和服务最权威的评判者，对改进产品和服务最具发言权的是（　　）。
　　A. 顾客　　　　　　　　　　　B. 一线员工
　　C. 企业质检员　　　　　　　　D. 资深产品分析师
11. 由于客户的业务转型而造成的客户流失属于（　　）。
　　A. 恶意流失　　B. 自然流失　　C. 竞争流失　　D. 过失流失
12. 在当前的消费阶段，人们在购买商品时常常诉诸情感，其次是逐渐摒弃了"从众心理"而转向"求异心理"，这个消费阶段是（　　）。
　　A. 感性消费时代　　　　　　　B. 理性消费时代
　　C. 传统消费时代　　　　　　　D. 基本消费时代
13. CTI 功能主要集中在话务控制和（　　）两个方面。
　　A. 媒介处理　　B. 网络控制　　C. 数据筛选　　D. 话路选择
14. 社会组织无偿提供资金或物质支持某一项社会事业或社会活动，以获得一定形象传播效益的公共关系专题活动是（　　）。
　　A. 赞助活动　　B. 展览会　　　C. 庆典活动　　D. 开放参观
15. 由于竞争对手的产品和服务质量并不优于本企业，但是竞争对手向特定客户提供特殊的、经正常途径无法获得的金钱利益，进而引诱客户变换原先的供应商而造成的流失客户是（　　）。
　　A. 有意推走的客户　　　　　　B. 无意推走的客户
　　C. 被收买的客户　　　　　　　D. 迁移客户
16. 代理人依据被代理人的授权而进行的代理属于（　　）。
　　A. 指定代理　　B. 法定代理　　C. 委托代理　　D. 意定代理
17. 间接客户属于（　　）。
　　A. 内部客户　　　　　　　　　B. 外部客户
　　C. 水平支援型客户　　　　　　D. 小组合作型客户
18. 人对自己的情感、情绪的控制管理能力和在社会人际关系中的交往、调节能力是指（　　）。
　　A. 智力　　　　　　　　　　　B. 自我管控能力
　　C. 情商　　　　　　　　　　　D. 沟通能力
19. 联谊活动的类型从低到高有三个层次，其中，最高层次的联谊活动类型是（　　）。
　　A. 感性型　　　B. 信息型　　　C. 合作型　　　D. 沟通型
20. （　　）是指企业伴随实体产品的出售或单独地向客户提供的各种服务所体现的价值。

A. 服务价值　　B. 人员价值　　C. 形象价值　　D. 产品价值

二、多项选择题（本大题共 10 小题，每小题 2 分，共 20 分。在每小题列出的五个备选项中至少有两个是符合题目要求的，请将其代码填写在题后的括号内。错选、多选或未选均无分。）

21. 客户服务行为的性质主要包括（　　）。
   A. 反映企业的意思　　　　　　B. 肩负着企业的使命
   C. 提升客户价值　　　　　　　D. 体现企业的利益
   E. 由企业承担行为后果

22. 价值的构成要素包括（　　）。
   A. 客户价值　　B. 产品价值　　C. 服务价值
   D. 人员价值　　E. 形象价值

23. 职业化的第一印象包括（　　）。
   A. 个人形象　　B. 思维习惯　　C. 服务态度
   D. 额外帮助　　E. 关注细节

24. 管理者参与的原则有（　　）。
   A. 支持　　B. 反馈　　C. 培训　　D. 鼓励
   E. 承担责任和疏导关系

25. 核心客户资料卡的内容主要包括（　　）。
   A. 基础资料　　B. 特征记录　　C. 业绩分析
   D. 交易现状　　E. 满意程度

26. 客户维护的方式主要包括（　　）。
   A. 信函　　B. 拜访　　C. 展会　　D. 商务活动
   E. 电话

27. 减压"3R"原则是指（　　）。
   A. 时时把自己当人看　　　　　B. 要有自己的社会支持系统
   C. 放松　　　　　　　　　　　D. 缩减　　　　E. 重整

28. CTI 的功能主要集中在（　　）。
   A. 客户交互　　B. 人工服务　　C. 媒介处理
   D. 话务控制　　E. 资源共享

29. 庆典活动的注意事项主要包括（　　）。
   A. 确定庆典活动的主题　　　　B. 精心拟定出席庆典仪式的人员名单
   C. 按照宾客名单写出请柬　　　D. 确定主持人与致辞人员
   E. 拟定程序和接待事宜

30. 在以下客户投诉的障碍中，涉及企业自身的障碍有（　　）。
   A. 公司拖延对客户投诉的处理
   B. 公司对投诉的准入条件过于严格
   C. 企业"九赔十不足"
   D. 市场上同类型的企业和商品很多，客户以更换选购对象代替投诉

E. 公司对员工的考核中很少涉及处理客户投诉的内容

三、名词解释题（本大题共 3 小题，每小题 3 分，共 9 分）

31. CS 战略
32. 客户挽留
33. 服务补救

四、简答题（本大题共 5 小题，每小题 5 分，共 25 分）

34. 简述与客户情绪沟通的要点。
35. 简述影响大客户忠诚度的非价格因素。
36. 简述公共关系专题活动的类型。
37. 简述展览会的特点。
38. 简述客户投诉的一般原因及其产生的根源。

五、案例分析题（本题 10 分）

39. 　　　　　　　　东方酒店的成功秘密

泰国东方酒店的成功秘密，从一个经典的故事说起。

企业家张先生到泰国出差，下榻于东方酒店，这是他第二次入住该酒店。次日早上，张先生走出房门准备去餐厅，楼层服务生恭敬地问道："张先生，您是要用早餐吗？"张先生很奇怪，反问："你怎么知道我姓张？"服务生回答："我们酒店规定，晚上要背熟所有客人的姓名。"这令张先生大吃一惊，尽管他频繁往返于世界各地，也入住过无数高级酒店，但这种情况还是第一次碰到。

张先生回到台湾后，收到东方酒店在他生日时寄来的一张贺卡，上面写道："张先生，你有三年没有到我们东方酒店下榻了，我们全体员工都在想念您。"结果，张先生感动万分，发誓以后到泰国一定要住到东方酒店。

正是因为这些服务，东方酒店成为世界十大酒店之一，要订房起码在三个月之前才能定到。

问题：（1）如何实施客户满意经营战略？
　　　（2）CS 战略引发的思考有哪些？

六、论述题（本大题共 2 小题，每小题 8 分，共 16 分）

40. 分别从横向和纵向来论述客户满意的层次。
41. 试述 CRM 中建设客户服务中心的挑战与困难。

全真模拟演练（四）参考答案及解析

一、单项选择题（本大题共20小题，每小题1分，共20分）

1. C 2. D 3. D 4. B 5. B
6. B 7. C 8. B 9. C 10. A
11. B 12. A 13. A 14. A 15. C
16. C 17. B 18. C 19. C 20. A

二、多项选择题（本大题共10小题，每小题2分，共20分）

21. ABDE 22. BCDE 23. AC 24. ABCDE 25. ABCDE
26. ABCDE 27. CDE 28. CD 29. ACDE 30. ABCE

三、名词解释题（本大题共3小题，每小题3分，共9分）

31. CS战略是指企业为使客户能完全满意自己的产品或服务，综合而客观地测定客户的满意程度，并根据调查分析结果，整个企业一起来改善产品、服务及企业文化的一种经营战略。（3分）

32. 挽留客户是指对已流失的客户采取挽留措施，最大限度地使客户由不满意变为满意，由不信任到信任，最终赢回客户。（3分）

33. 服务补救是指服务性企业在对客户提供服务出现失败和错误的情况下，对客户的不满和抱怨当即做出的补救性反应。（3分）

四、简答题（本大题共5小题，每小题5分，共25分）

34. 与客户情绪沟通的要点有：
(1) 时机。与客户的情绪沟通必须注意时机，否则很可能事与愿违。（1分）
(2) 思维习惯。要充分考虑客户的具体思维习惯。（1分）
(3) 方式和分寸。根据客户的特点，运用不同的方式，来拉近彼此的距离。（1分）
(4) 真诚和关注细节。良好稳固的客户关系中，真诚与互动是非常重要的。（1分）
(5) 体验客户的情绪。（1分）

35. 影响大客户忠诚度的非价格因素有：
(1) 完美的采购经历；（1分）
(2) "理念"，企业在销售过程中应当鲜明地体现企业的服务理念；（1分）
(3) 产品差异化与真正的互动；（1分）
(4) 优质的服务与关系质量；（1分）
(5) 客户的参与决策权。（1分）

36. 公共关系的专题活动的类型有以下五种：
(1) 联谊和庆典活动；（1分）

(2) 赞助活动；(1分)
(3) 新闻发布会；(1分)
(4) 开放参观和展览会；(1分)
(5) 危机管理与举办会议。(1分)

37. 展览会的特点主要包括：
(1) 展览会是一种复合型的传播方式；(1分)
(2) 展览会是社会组织塑造自身形象的最佳方式之一；(1分)
(3) 展览会为社会组织与公众提供了直接沟通的机会；(1分)
(4) 展览会是一种具有新闻价值的公关活动。(2分)

38. 客户投诉的一般原因有以下几个方面：
(1) 服务未能取得期望效果；(1分)
(2) 服务表现不佳或失误；(1分)
(3) 客户的服务要求超越企业和员工的服务能力；(1分)
归根到底，是产品和服务没能达到客户的期望，没能满足客户的需求。(2分)

五、案例分析题（本题10分）

39. (1) 满足客户现实需求；(1分) 开发客户潜在需求；(1分) 适应客户需求变化；(1分) 小心"100－1＝0"的等式原则；(1分) 让客户感到宾至如归。(1分)
(2) 客户信息系统是基础；(2分) 重视内部客户；(1分) 抛弃简单而传统的绩效管理；(1分) 推行现场管理。(1分)

六、论述题（本大题共2小题，每小题8分，共16分）

40. 横向层面：①企业理念满意；(1分) ②企业行为满意；(1分) ③企业视觉满意。(2分)

纵向层面：①物质满意层；(1分) ②精神满意层；(1分) ③社会满意层。(2分)

41. ①设计出完整的客户联系过程，是客户服务中心能否成功建设的关键；(3分) ②在客户服务中心的建设中还应当注意，实现与业务流程的综合和与其他信息系统的集成是关键所在；(3分) ③企业在建设呼叫中心时会发现建立一个能真正为己所用的系统是困难的，往往需要不断地改进，而建立客户服务中心更有特别的复杂性。(2分)

全真模拟演练（五）
（考试时间 150 分钟）

总分		题号	一	二	三	四	五	六
核分人		得分	20	20	9	25	10	16
复查人		得分						

一、单项选择题（本大题共 20 小题，每小题 1 分，共 20 分。在每小题列出的四个备选项中只有一个是符合题目要求的，请将其代码填写在题后的括号内。错选、多选或未选均无分。）

1. 下列哪种方式借助第三方对公众公开说明服务标的物的性能、特点和效用？它既是推广，也是承诺。（　　）
   A. 专业介绍　　　B. 专家坐堂　　　C. 媒体广告　　　D. 热线咨询
2. 完成客户服务任务的最主要因素是（　　）。
   A. 资本　　　　　B. 企业能力　　　C. 员工　　　　　D. 产品
3. 把客户划分为要求型客户、困惑型客户和激动型客户三种类型的标准是（　　）。
   A. 按照客户所处的位置　　　　　　B. 按照客户所处的时间状态
   C. 按照客户的表现类型　　　　　　D. 按照客户的个人特征
4. CS 战略最早起源于（　　）。
   A. 美国　　　　　B. 英国　　　　　C. 德国　　　　　D. 日本
5. 客户在选择企业的时候，最看重的是（　　）。
   A. 可靠度　　　　B. 同理度　　　　C. 响应度　　　　D. 专业度
6. "学会穿客户的鞋子"，主要强调的是（　　）。
   A. 关注细节　　　　　　　　　　　B. 把握分寸
   C. 抓住时机　　　　　　　　　　　D. 体验客户情绪
7. 在戴明循环中，Do 阶段是指哪个阶段？（　　）。
   A. 计划　　　　　B. 处理　　　　　C. 执行　　　　　D. 检查
8. 客户指明消费某企业产品或服务程度的指标是（　　）。
   A. 美誉度　　　　B. 知名度　　　　C. 回头率　　　　D. 销售力
9. 客户价值评估应该是评估客户的（　　）。
   A. 终生价值　　　B. 客户利润　　　C. 客户份额　　　D. 发展潜力
10. 维系大客户关系的基础是（　　）。

A. 竞争对手　　B. 进入障碍　　C. 退出障碍　　D. 信任
11. 企业价值的源泉是（　　）。
    A. 高附加值产品　　　　　　B. 有能力的决策者
    C. 庞大的销售网络　　　　　D. 客户
12. "协作型 CRM"的共同参与者包括（　　）。
    A. 采购人员和决策者　　　　B. 采购人员和销售人员
    C. 企业客户服务人员和客户　D. 企业客户服务人员和决策者
13. 企业顾客关系管理营销的首要目标是（　　）。
    A. 占公司销售额和销售利润 40%～50% 的顾客
    B. 能给公司带来 10% 的销售量，能给公司带来最多盈利的顾客
    C. 能为企业带来利润，但却正在失去价值的顾客
    D. 最忠诚于企业的顾客
14. 现代营销学认为，随着社会的进步，人们的消费观念和消费方式经历了从基本消费时代到理性消费时代，直到目前的（　　）。
    A. 节俭消费时代　　　　　　B. 多元化消费时代
    C. 个性化消费时代　　　　　D. 感性消费时代
15. 随着呼叫中心应用的不断改变，目前的呼叫中心的核心已转变为（　　）。
    A. 人工服务　　B. 信息技术　　C. 创造利润　　D. 电话系统
16. 现代呼叫中心的核心和灵魂是（　　）。
    A. CTI 服务器　　B. PBX　　C. ACD 系统　　D. IVR 系统
17. 下列哪种活动兼具内、外公关作用？（　　）
    A. 联谊活动　　B. 庆典活动　　C. 赞助活动　　D. 新闻发布会
18. 大型机械展览、农副产品展览、花卉展览等展览最适宜采用（　　）。
    A. 露天展览　　B. 室内展览　　C. 宣传展览　　D. 综合展览
19. 不管哪种原因产生的投诉，投诉的责任承担者是（　　）。
    A. 企业　　　　　　　　　　B. 消费者
    C. 消费者协会　　　　　　　D. 市场管理部门
20. 企业在第一次服务失误后，企业为留住客户而立即做出的带有补救性质的第二次服务叫作（　　）。
    A. 挽留服务　　B. 服务补救　　C. 跟踪服务　　D. 服务弥补

二、多项选择题（本大题共 10 小题，每小题 2 分，共 20 分。在每小题列出的五个备选项中至少有两个是符合题目要求的，请将其代码填写在题后的括号内。错选、多选或未选均无分。）

21. 员工管理的内容主要包括（　　）。
    A. 任务管理　　B. 归口管理　　C. 代理管理
    D. 员工关系管理　　　　　　E. 员工价值管理
22. 成本构成要素有（　　）。
    A. 货币成本　　B. 非货币成本　　C. 时间成本

D. 精力成本　　E. 体力成本

23. 以下哪些方式有助于成功打造引人入胜的开场白？（　　）
　　A. 友好的问候　　　　　　　B. 使用尊称
　　C. 郑重交换名片　　　　　　D. 虚心接受的态度
　　E. 寻找共同话题

24. PDCA 循环的步骤是（　　）。
　　A. 计划　　　B. 执行　　　C. 检查　　　D. 反馈
　　E. 处理

25. 核心客户资料卡的管理工作主要包括（　　）。
　　A. 动态管理　　B. 灵活机动　　C. 专人负责
　　D. 放眼未来　　E. 禁止信息传播

26. 客户流失可以分为以下哪几种类型？（　　）
　　A. 自然流失　　B. 价格流失　　C. 恶意流失
　　D. 竞争流失　　E. 过失流失

27. 作为客服人员，面对压力，可以从哪些方面去把握？（　　）
　　A. 减压"3R"原则　　　　　　B. 多从积极正面的角度考虑问题
　　C. 时时把自己当人看　　　　D. 要有自己的社会支持系统
　　E. 培养自己的放松技巧

28. 客户服务中心具有的功能包括（　　）。
　　A. 销售预测　　　　　　　　B. 客户认定
　　C. 电话交互活动效果最大化　D. 语音数据同步向外转移
　　E. 智能化顾客信息分析

29. 以下哪些是社会组织举行新闻发布会的原因？（　　）
　　A. 出现紧急情况　　　　　　B. 对社会产生重大影响的新政策的提出
　　C. 新产品的开发和投产　　　D. 企业的关闭
　　E. 组织对社会做出善事

30. 客户投诉管理制度所包括的具体制度和规定主要有（　　）。
　　A. 客户投诉受理规定　　　　B. 客户投诉处理程序规定
　　C. 客户投诉处理质量跟踪制度　D. 客户投诉处理评估制度
　　E. 客户投诉信息管理制度

三、名词解释题（本大题共 3 小题，每小题 3 分，共 9 分）

31. 客户服务行为
32. 情感需求
33. 一对一营销

四、简答题（本大题共 5 小题，每小题 5 分，共 25 分）

34. 简述对客户服务目标的理解。
35. 简述增加客户价值的方法。

36. 简述客户满意度的测评方法。
37. 简述 CTI 的主要功能。
38. 客户在投诉中的权益主张一般表现在哪些方面?

五、案例分析题（本题 10 分）

39.　　　　　　　上海通用对 CRM 系统的使用

上海通用公司从成立开始，就非常重视客户的积累和服务满意度的提升，他们应用信息系统提升水平。随着公司业务的飞速发展，上海通用客服中心的系统日渐难以胜任对海量用户信息及业务数据的处理。于是，上海通用开始考虑借助 CRM 系统。

上海通用公司一向把客户关系管理（CRM）看作公司整体管理战略的重要组成部分。对于汽车行业来说，由于每件商品成本高，每笔销售额比较大，每天出货很多，所以对客户的挖掘非常关键，因此，"了解客户"是上海通用 CRM 战略核心。

上海通用公司借助 my SAP CRM 系统与后台 ERP 系统的完美集成，实现对客户关系管理各个业务环节的管理：

(1) 处理客户通过电话、传真、E-mail、手机短信和互联网等多种方式的联系;
(2) 处理客户问题，向相关部门分派任务及获取反馈，跟踪客户问题的解决情况;
(3) 执行市场活动，跟踪潜在用户，提高潜在用户转化率;
(4) 分析各类数据，考核所涉及人员及部门。

对于上海通用公司来讲，实施 CRM 是一种势在必行，对于整个汽车行业来讲，更是一种大势所趋。在可预计的未来，汽车业的竞争将会由市场竞争转化为售后服务的竞争，继而可能会引发一场变革——客户关怀。

问题：(1) 结合案例，试述使用 CRM 系统的好处所在。
　　　(2) CRM 系统的五大关键内容是什么?

六、论述题（本大题共 2 小题，每小题 8 分，共 16 分）

40. 试述客户服务对企业的重要性。
41. 试述赞助活动的主要步骤。

全真模拟演练（五）参考答案及解析

一、单项选择题（本大题共 20 小题，每小题 1 分，共 20 分）

1. C	2. C	3. C	4. A	5. A
6. D	7. C	8. B	9. A	10. D
11. D	12. C	13. B	14. D	15. B
16. C	17. B	18. A	19. A	20. B

二、多项选择题（本大题共 10 小题，每小题 2 分，共 20 分）

21. BCDE	22. ACD	23. ABCDE	24. ABCE	25. ABCD
26. ACDE	27. ABCDE	28. BCDE	29. ABCDE	30. ABCDE

三、名词解释题（本大题共 3 小题，每小题 3 分，共 9 分）

31. 客户服务行为，是指企业通过员工提供产品和服务，以满足客户需要的行为。(3分)

32. 情感需求，是指客户在感情上需要获得客服人员的理解和认同。(3分)

33. 一对一营销，就是企业根据客户的特殊需求来相应调整自己的经营行为，它要求企业与每一个客户建立一种战略伙伴关系。(3分)

四、简答题（本大题共 5 小题，每小题 5 分，共 25 分）

34. 对客户服务目标的理解要点主要集中在以下几个方面：

(1) 作为一个中心而言，表明企业客户服务活动要以"满足客户需要"为中心而开展。(1分)

(2) 作为一个标准而言，表明企业客户服务活动要以"客户满意度"为尺度，衡量客户服务的成效和水平。(1分)

(3) 作为一个宗旨而言，表明企业客户服务活动要以"满足客户需要"为宗旨，统率企业的客户服务运作过程及其行为。(2分)

(4) 作为一个使命而言，表明企业客户服务活动要在"满足客户需要"方面尽心尽力。(1分)

35. 增加客户价值的方法有：

(1) 强化客户感知。要求的一致性、产品的适宜性、价格的合理性、品牌的优异性、服务的完美性，以及关系的密切性是决定客户感受强弱的主要因素；(2分)

(2) 提供个性化服务；(1分)

(3) 协助客户成功；(1分)

(4) 让客户快乐。(1分)

36. 常见的客户满意度的测评方法有以下四种：

(1) 通过询问直接衡量。(1分)

(2) 要求受访者说出他们期望获得一个什么样的产品属性，以及他们实际得到的是什么。(2分)

(3) 要求受访者说出他们在产品上发现的任何问题及提出的任何改进措施（问题分析）。(1分)

(4) 要求受访者按产品各要素的重要性不同进行排列，并对企业在每个要素上的表现做出评价。(1分)

37. CTI功能主要集中在话务控制与媒介处理两个方面。

(1) 话务控制的功能有电话的建立及中断、话路的选择及网络界面控制等。媒介处理的功能则主要是话音/传真处理，另外还有DTMF数字处理等。(2分)

(2) 在技术实现上CTI主要集中在呼叫处理和语音处理两个方面。呼叫处理主要是实现呼叫或连接，语音处理是对通过呼叫建立的连接、发送和接收的信息进行处理，主要有语音的存储转发、数据的压缩与解压缩。(3分)

38. 一般而言，客户投诉时的权益主张会表现为以下三个方面。

(1) 损害赔偿；(1分)

(2) 修理、更换、重做；(2分)

(3) 非财产损害的赔偿。(2分)

五、案例分析题（本题10分）

39. (1) 使用CRM系统的好处体现在以下四点：①CRM能够整合客户、企业、员工资源，优化业务流程；(2分) ②CRM可以提高企业、员工对客户的响应、反馈速度和应变能力；(1分) ③CRM能够提高企业销售收入；(1分) ④CRM能够改善企业服务、提高客户满意度。(1分)

(2) CRM系统的五大关键内容分别是：客户服务；(1分) 销售；(1分) 市场营销；(1分) 共享的客户资料库；(1分) 分析能力。(1分)

六、论述题（本大题共2小题，每小题8分，共16分）

40. (1) 对企业生存的重要性。(1分) 在市场经济条件下，企业必须取得客户的订单，或者说取得为客户服务的机会，企业才能开工，经济才能运转，企业才能维持生计、才能生存下来。就此而言，企业客户服务是企业生存的条件。(2分)

(2) 对企业发展的重要性。(1分) 客户服务是企业利润之源，只有企业提供良好的产品和服务，得到市场和客户的认同，符合客户的需要，才能卖得多而且能卖出好的价钱，企业才能有利润。(2分)

总之，良好的客户服务，使企业呈现良性的循环，促使客户满意度提高，激发客户需求的增长，这又给企业提供新的、增量的客户服务机会。这个机会被企业有效地利用，企业就可获得更丰厚的利润，这又给企业的发展注入新的、更大的动力。(1分) 归根到底，客户服务是企业发展的动力。(1分)

41. (1) 赞助分析决策，(1分) 要综合衡量考虑赞助活动的社会效益、组织效益，要考虑组织的财政状况，对于不合理的赞助请求，要敢于回绝；(1分)

(2) 制订赞助计划，(1分) 包括明确目标、选准项目、保证管理、确定规模、保持连续、突出价值；(3分)

(3) 实施赞助方案；(1分)

(4) 检测活动效果。(1分)

全真模拟演练（六）

（考试时间150分钟）

总分		题号	一	二	三	四	五	六
核分人		得分	20	20	9	25	10	16
复查人		得分						

一、单项选择题（本大题共20小题，每小题1分，共20分。在每小题列出的四个备选项中只有一个是符合题目要求的，请将其代码填写在题后的括号内。错选、多选或未选均无分。）

1. 以下哪种是围绕产品和服务的相关问题，进行面对面的双向沟通？（　　）
   A. 媒体广告　　B. 知识讲座　　C. 专家坐堂　　D. 热线咨询
2. 某一目标市场的一般客户的一般需要是（　　）。
   A. 既定的需要　　　　　　B. 增长的需要
   C. 特定客户需要　　　　　D. 不特定人需要
3. 客户满意度是指（　　）。
   A. 客户对企业以及企业产品和服务的满意程度
   B. 客户满意后而产生的对某种产品品牌或公司的信赖、维护和希望重复购买的一种心理倾向
   C. 客户在与企业发生初次交易后继续购买该企业产品的程度
   D. 客户对企业利润的贡献程度
4. 以下哪种情况是在客户服务人员的控制范围之内的障碍，并且通过努力就能克服？（　　）
   A. 保守的公司政策　　　　B. 情绪化
   C. 过时的程序和流程　　　D. 不可靠的设备
5. 要严格限制交谈时间，尽量不占用过多通话时间，主要针对哪类客户？（　　）
   A. 男性顾客　　　　　　　B. 沉默型顾客
   C. 女性顾客　　　　　　　D. 健谈型顾客
6. 以下属于客户满意的横向层面的是（　　）
   A. 视觉满意　　B. 精神满意　　C. 社会满意　　D. 物质满意
7. 客户满意度评测对象中的消费者是指（　　）。
   A. 中间商客户　　　　　　B. 内部客户

C. 现实客户　　　　　　　　　　D. 客户服务人员

8. 客户金字塔分类中，哪级客户代表那些赢利能力最强的客户？他们对价格并不十分敏感，愿意花钱购买，愿意试用新产品，对企业最为忠诚。（　　）
   A. 铂金层级　　　B. 黄金层级　　　C. 钢铁层级　　　D. 重铅层级

9. 赢得客户忠诚度的先决条件是（　　）。
   A. 优质的服务　　　　　　　　　B. 重视和尊重客户
   C. 理念　　　　　　　　　　　　D. 关系质量

10. 如果产品或服务的边际利润水平很低，客户数量极其庞大，那么企业会倾向于采用的客户关系类型是（　　）。
    A. 被动型　　　B. 负责型　　　C. 伙伴型　　　D. 基本型

11. CRM 实施的基本原则是（　　）。
    A. 从业务流程重构开始　　　　　B. 搭建与客户沟通的平台
    C. 提升产品质量　　　　　　　　D. 为决策搜寻足够信息

12. 运用数据分析来解决商业问题有六类模型：分类、回归、时间序列、分组、联合分析和序列发现。其中，分类和回归模型的主要用途是（　　）。
    A. 发现数据的规律　　　　　　　B. 描述数据库中的行为模式
    C. 预测　　　　　　　　　　　　D. 记录数据

13. 美国莱维公司通过电子数据交换系统，收集到主要零售商西尔斯公司销售的牛仔裤尺寸和型号，通过计算机网络向纤维织布供应商米利肯公司订购制造这些牛仔裤的纤维织布。接着，米利肯公司又向其纤维供应商杜邦公司订购一定数量的纤维。所有参与者都运用先进的网络得到销售信息，生产出即时销售的产品。这种方法称作（　　）。
    A. 与顾客结盟　　　　　　　　　B. 实施供应链管理
    C. 个性化服务　　　　　　　　　D. 企业资源规划

14. 第一代客户服务中心是（　　）。
    A. 人工热线电话系统　　　　　　B. IVR 系统
    C. 客户交互中心　　　　　　　　D. 兼有自动语音和人工服务

15. 利用计算机语音合成技术，通过计算机播放语音完成与用户的信息交互，主要用于播放固定的提示信息和简单的查询结果的系统是以下哪种？（　　）
    A. CRM 系统　　B. ACD 系统　　C. CIC 系统　　D. IVR 系统

16. 社会组织赞助活动中最常见的一种形式是（　　）。
    A. 赞助慈善和福利事业　　　　　B. 赞助体育运动
    C. 赞助教育事业　　　　　　　　D. 赞助各种展览和竞赛活动

17. 处理危机事件最关键的是（　　）。
    A. 有专人负责，统一指挥　　　　B. 对危机事件进行调查判断
    C. 制定处理危机的具体对策　　　D. 判断危机时间的后果与影响

18. 针对产品所发挥的有效作用或效能的欠缺所引发的投诉属于（　　）。
    A. 对产品安全的投诉　　　　　　B. 对产品质量的投诉
    C. 对产品功能的投诉　　　　　　D. 对产品交易的投诉

19. 流失客户细分的重要依据主要包括客户流失原因分析和（　　）。
   A. 客户价值　　　　　　　　B. 客户等级
   C. 客户信誉　　　　　　　　D. 客户忠诚度
20. 连接交换机和计算机/计算机网络系统的最重要设备是（　　）。
   A. 数据库系统　　　　　　　B. CTI 服务器
   C. 程控交换机　　　　　　　D. IVR 系统

二、多项选择题（本大题共 10 小题，每小题 2 分，共 20 分。在每小题列出的五个备选项中至少有两个是符合题目要求的，请将其代码填写在题后的括号内。错选、多选或未选均无分。）

21. 产品服务按内容划分，可分为（　　）。
    A. 产品知识服务　　　　　　B. 产品使用服务
    C. 交易手续服务　　　　　　D. 维修保养服务
    E. 法律知识服务
22. 增加客户价值的方法有（　　）。
    A. 强化客户感知　　　　　　B. 提供个性化服务
    C. 协助客户成功　　　　　　D. 让客户快乐
    E. 提高顾客忠诚度
23. 优质服务的特征有（　　）。
    A. 态度　　　B. 低成本　　　C. 技巧
    D. 知识　　　E. 良好的第一印象
24. 从横向层面划分，客户满意包括（　　）。
    A. 企业理念满意　　　　　　B. 企业行为满意
    C. 企业产品满意　　　　　　D. 企业服务满意
    E. 企业视觉满意
25. 与核心客户联络的方法包括（　　）。
    A. 登门拜访　　B. 书信　　　C. e-mail
    D. 电话联络　　E. 赠送纪念品
26. 下列哪些行为属于企业面对激烈的市场竞争时的"进攻策略"？（　　）
    A. 企业集中力量改进产品、服务质量
    B. 提高产品信誉
    C. 加强品牌优势
    D. 企业实行优惠价格，保持和巩固现有市场
    E. 企业放弃某种产品，腾出资源，开发新产品，开辟新市场
27. "情商"包括以下哪些方面的能力？（　　）
    A. 了解自我　　　　　　　　B. 处理人际关系
    C. 自我激励　　　　　　　　D. 管理自我
    E. 识别他人情绪
28. 一个完整的客户服务中心，一般由以下哪些部分组成？（　　）

A. PBX（程控交换机）、ACD（自动呼叫分配）、IVR（交互式语音应答）系统
B. CTI（计算机电话集成）系统
C. 数据库系统及呼叫管理系统
D. 业务处理系统　　　　　　　E. 业务代表

29. 按照展览会的性质，展览会可以被划分为（　　）。
    A. 贸易展览　　　　　　　　B. 宣传展览
    C. 综合展览　　　　　　　　D. 专项展览
    E. 静态展览

30. 企业受理的投诉一般要符合的标准包括（　　）。
    A. 有明确的投诉人　　　　　B. 有列举的投诉事项
    C. 有实在的损害后果　　　　D. 有明确的投诉要求
    E. 投诉属于企业所受理的范围

三、名词解释题（本大题共 3 小题，每小题 3 分，共 9 分）

31. 客户忠诚度
32. 铂金层级客户
33. CTI 技术

四、简答题（本大题共 5 小题，每小题 5 分，共 25 分）

34. 简述增加客户价值的方法。
35. 简述客户服务质量管理的原则。
36. 简述大客户战略联盟的内容。
37. 简述 CRM 系统客户服务中心的结构。
38. 简述流失客户的类型。

五、案例分析题（本题 10 分）

39. 　　　　　　　　长城润滑油的"春风服务"

2005 年初，国内市场监测机构新生代公布的《2004 年中国最具竞争力品牌调查报告》显示，在《中国车用润滑油消费忠诚程度》调查中，中国石化长城润滑油一举超越壳牌、美孚等国际品牌，荣登消费忠诚度榜首，这也是国内润滑油企业首次在品牌忠诚度这一重要指标上超越国外品牌。

就长城润滑油的成功而言，这种神话般的创造与其"客户满意"而启动的"春风服务"活动密切相关。

长城润滑油力图把以客户为中心的理念渗透到每个员工的工作中，把品牌忠诚度建设的理念渗透到了整个销售工作，渗透到了经销商的销售工作，把让客户满意的理念渗透到了面对客户的每个环节中。围绕"客户满意"，长城润滑油启动了"春风服务"活动，使客户在与公司的互动中感受到春风般的体贴和关怀，增添产品的超值感，给予市场开拓有力的支持。

在"春风服务"活动中，长城润滑油建立了"常见问题知识库"，邀请行业权威专家处

理、解答高难度问题，保障不同需求的客户都可获得个性化的满意服务。比如，有的客户存在用油的疑惑，不知道问题出在哪里，只要打一个电话或发一封邮件，长城润滑油会立即派出专家，并在24小时内到达现场。

"春风服务"的主要使命是赋予除润滑油产品以外更多的价值，它已经超过了单纯的客户服务范畴，已经由服务保障层次转向更高的服务享受层次，把服务品牌化。

问题：（1）请结合案例，说说客户维护的价值何在？
　　　（2）维护客户关系的原则有哪些？

六、论述题（本大题共 2 小题，每小题 8 分，共 16 分）

40. 试述客户服务分级的主要理论。
41. 试述客户服务中心未来的发展趋势。

全真模拟演练（六）参考答案及解析

一、单项选择题（本大题共 20 小题，每小题 1 分，共 20 分）

1. C   2. D   3. A   4. B   5. D
6. A   7. C   8. A   9. B   10. D
11. A   12. C   13. B   14. A   15. D
16. B   17. A   18. C   19. A   20. B

二、多项选择题（本大题共 10 小题，每小题 2 分，共 20 分）

21. ABCDE   22. ABCD   23. ACD   24. ABE   25. ABCDE
26. ABC   27. ABCDE   28. ABCDE   29. AB   30. ABCDE

三、名词解释题（本大题共 3 小题，每小题 3 分，共 9 分）

31. 客户忠诚度，是指客户满意后而产生的对某种产品品牌或公司的信赖、维护和希望重复购买的一种心理倾向程度。（3分）

32. 铂金层级客户，是指那些赢利能力最强的客户，他们对价格并不十分敏感，愿意花钱购买，愿意试用新产品，对企业最为忠诚。（3分）

33. CTI 技术，是指计算机与电话集成技术，是在现有的通信交换设备上，综合计算机和电话的功能，使其能提供更加完善、先进的通信方法。（3分）

四、简答题（本大题共 5 小题，每小题 5 分，共 25 分）

34. 增加客户价值的方法有：

（1）强化客户感知。要求的一致性、产品的适宜性、价格的合理性、品牌的优异性、服务的完美性以及关系的密切性，是决定客户感受强弱的主要因素；（2分）

（2）提供个性化服务；（1分）

（3）协助客户成功；（1分）

（4）让客户快乐。（1分）

35. （1）以人为本原则；（1分）

（2）以客户为中心原则；（1分）

（3）量化原则；（1分）

（4）管理者参与的原则；（1分）

（5）对服务的持续改进原则。（1分）

36. 大客户战略联盟是指企业从长远的战略目标考虑，为了企业和大客户之间的共同发展，通过资源共享、优势互补，结成一种长期的合作、发展关系。（1分）

大客户战略联盟需要掌握以下几个方面：

（1）实行大客户的系统化管理；（1分）

(2) 帮助大客户发展业务；(1分)
(3) 互相合作，资源共享；(1分)
(4) 明确和大客户联盟的方式。(1分)

37. 一个完整的客户服务中心，一般由PBX（程控交换机）、ACD（自动呼叫分配）、IVR（交互式语音应答）系统、CTI（计算机电话集成）系统、数据库系统、呼叫管理系统、业务处理系统以及坐席（业务代表）等组成。(2分)

系统大致可以分为前端和后端两大部分。在系统前端，CTI是其核心，在计算机与电话集成的基础上对客户的呼叫进行应答、识别、续接、转移等受理活动；系统后端主要由各种数据库如财务系统、业务管理系统以及网络软硬件提供业务支持。(3分)

38. 流失客户可以被分为五种类型：
(1) 有意推走的和无意推走的客户；(1分)
(2) 被拉走的客户；(1分)
(3) 被收买的客户；(1分)
(4) 无意离去的客户；(1分)
(5) 迁移客户。(1分)

五、案例分析题（本题10分）

39. (1) 客户维护的价值体现在以下七个方面：①通过客户维护，实现对客户资源有效的管理和利用；②通过客户维护，合理使用与客户有关的资源；(答对前两点均可得1分) ③通过客户维护，扩大企业的销售额；(1分) ④通过客户维护，降低企业的成本；(1分) ⑤通过客户维护，改善服务，提高效率；(1分) ⑥通过客户维护，实现企业对外平台的统一化；(1分) ⑦通过客户维护，对企业进行优化配置。(1分)

(2) 维护客户关系的原则有四个：动态管理；(1分) 突出重点；(1分) 灵活运用；(1分) 专人负责。(1分)

六、论述题（本大题共2小题，每小题8分，共16分）

40. (1) 80/20法则。(1分) 将"80/20法则"运用到客户管理中，企业起码应该得到三点启示：其一，明确自己企业的20％客户，即能为企业带来80％的利润的客户；(1分) 其二，明确应该采取什么样的倾斜性措施，以确保20％客户的业务取得重大突破；(1分) 其三，抓住重点客户，带动中小客户。(1分)

(2) ABC分类法。(1分) 一方面，A类用户数量较少，购买量却占公司产品销售量的80％，企业一般会为A类用户建立专门的档案，指派专门的销售人员负责对A类用户的销售业务，提供销售折扣，定期派人走访，采用直接销售的方式。(1分) 另一方面，对数量众多，但购买量很小，分布散的C类用户则可以采取利用中间商、间接销售的方式。(1分)

不管是"80/20"法，还是"ABC"法，该分析方法的核心思想是在决定一个事物的众多因素中分清主次，识别出少数的但对事物起决定作用的关键因素，确定重点对象的管理方式。(1分)

41.（1）从以 PBX 为核心逐步转变为以 CTI 技术为核心；（2分）
（2）系统趋于开放并符合标准；（2分）
（3）Internet 与呼叫中心的融合；（2分）
（4）一体化技术改变呼叫中心的构建基础。（2分）

全真模拟演练（七）

（考试时间 150 分钟）

总分		题号	一	二	三	四	五	六
核分人		得分	20	20	9	25	10	16
复查人		得分						

一、单项选择题（本大题共 20 小题，每小题 1 分，共 20 分。在每小题列出的四个备选项中只有一个是符合题目要求的，请将其代码填写在题后的括号内。错选、多选或未选均无分。）

1. 企业通过对部门的职权及其内部岗位的职责规定，而规定某一部门对服务业务进行代理，这种代理属于（　　）。
   A. 指定代理　　B. 法定代理　　C. 委托代理　　D. 意定代理
2. 根据法律规定而产生代理权的代理属于（　　）。
   A. 指定代理　　B. 法定代理　　C. 委托代理　　D. 意定代理
3. 客户价值构成的第一要素是（　　）。
   A. 服务价值　　B. 人员价值　　C. 形象价值　　D. 产品价值
4. 自己工作完成后，转给下一位员工，这种内部客户属于（　　）。
   A. 小组合作型客户　　　　　　B. 外部客户
   C. 水平支援型客户　　　　　　D. 上下源流型客户
5. 在客户的四种需求中，哪种需求的内容主要是有关产品或服务质量、价格、品种等方面的信息？（　　）
   A. 情感需求　　B. 环境需求　　C. 信息需求　　D. 便利需求
6. 客户在对企业提供的产品的消费过程中，所体验到的社会利益维护程度是指（　　）。
   A. 理念满意　　B. 社会满意　　C. 行为满意　　D. 物质满意
7. 哪项是客户在对企业提供的产品形式和外延层的消费过程中产生的满意？（　　）
   A. 物质满意层　　　　　　　　B. 社会满意层
   C. 精神满意层　　　　　　　　D. 视觉满意
8. 在戴明循环中，Action 阶段是指哪个阶段？（　　）
   A. 计划　　　B. 处理　　　C. 执行　　　D. 检查
9. （　　）主要包括市场区域、营销能力、发展潜力、经营观念、经营方向、经营政策、企业规模、经营特点等。

A. 交易现状　　B. 业绩分析　　C. 特征记录　　D. 基础资料

10. 所有客户中，不能给企业带来赢利的客户是（　　）。

A. 铂金层级　　B. 黄金层级　　C. 钢铁层级　　D. 重铅层级

11. 作为企业员工，如果面对情绪很差的客户，最好的方法是（　　）。

A. 不做出任何反应，让其尽情发泄　　B. 耐心开导客户

C. 换位思考，表达与客户相同的感受　　D. 从积极的方向引导客户

12. （　　）是自我理解与心理领悟能力的基础。

A. 调节心情的能力　　　　　　B. 保持乐观心态的能力

C. 监控情绪变化的能力　　　　D. 疏导心理障碍的能力

13. 客户服务中心系统的前端的核心是（　　）。

A. PBX 系统　　　　　　　　　B. 业务管理系统

C. 排队机 ACD　　　　　　　　D. CTI 系统

14. 目前客户服务中心的主流是（　　）。

A. 人工热线电话系统　　　　　B. IVR 系统

C. 兼有自动语音和人工服务的客户服务系统

D. 客户交互中心

15. 要想使开放参观获得成功，最重要的工作是（　　）。

A. 确定好参观的主题　　　　　B. 做好各种宣传工作

C. 为开放参观确定合格的组织者　　D. 确定合适的参观路线

16. （　　）是社会组织根据自身及所处社会环境中有关的重大事件、纪念日、节日等所举办的技巧性要求很高的公共关系专题活动。

A. 赞助活动　　B. 展览会　　C. 庆典活动　　D. 开放参观

17. 对于在销售服务中重复出现的常规问题，应该如何处理？（　　）

A. 不予重视　　　　　　　　　B. 向上级请求，咨询处理意见

C. 根据具体情况创造性地予以处理　　D. 按规定的程序与方法处理

18. 王先生提前在家过六十大寿，向一家颇有影响的食品公司订购一个特大蛋糕。约好下午六时务必送到。可是到了宴会快要结束，蛋糕才送来，因此，王先生向该食品公司投诉。该投诉属于（　　）。

A. 对产品交易的投诉　　　　　B. 对产品功能的投诉

C. 对产品交付的投诉　　　　　D. 对产品质量的投诉

19. 在发掘核心客户价值中，如果采用年销售额来计算，企业值得为其建立数据库的顾客是（　　）。

A. 500 元/年的顾客　　　　　　B. 1000 元/年的顾客

C. 5000 元/年的顾客　　　　　D. 10 000 元/年的顾客

20. 客户需求中最难预测的是（　　）。

A. 信息需求　　B. 环境需求　　C. 情感需求　　D. 便利需求

二、多项选择题（本大题共 10 小题，每小题 2 分，共 20 分。在每小题列出的五个备选项中至少有两个是符合题目要求的，请将其代码填写在题后的括号内。错选、多选或未选均无分。）

21. 产品服务按阶段性划分，可以分为（　　）。
    A. 售前服务　　B. 售中服务　　C. 售后服务
    D. 延续服务　　E. 维修保养服务

22. 强化客户感知的方法有（　　）。
    A. 要求的一致性　　　　B. 产品的适宜性
    C. 品牌的优异性　　　　D. 服务的完美性
    E. 价格的合理性

23. 客户服务的 3A 法则包括（　　）。
    A. 主动　　B. 手段　　C. 表现　　D. 关心
    E. 态度

24. 从纵向层面划分，客户满意包括（　　）。
    A. 企业理念满意　　　　B. 企业服务满意
    C. 物质满意层　　　　　D. 精神满意层
    E. 社会满意层

25. 选择大客户的标准通常有（　　）。
    A. 客户的采购流程及数量　　B. 采购的集中性
    C. 对服务水平的要求　　　　D. 客户对价格的敏感度
    E. 客户是否希望与公司建立长期伙伴关系

26. 科特勒曾经把企业与客户之间的关系水平分成了哪几种类型？（　　）
    A. 基本型　　B. 被动型
    C. 负责型　　D. 伙伴型　　E. 能动型

27. 以下哪几种谋略能帮助企业在"个性化服务"中取胜？（　　）
    A. 向顾客做出承诺，并履行承诺　　B. 与顾客结盟
    C. 实施客户关系管理（CRM）　　　 D. 实施供应链管理（SCM）
    E. 以"网"取胜

28. 以下哪些应用属于 CTI 在呼叫中心的典型应用？（　　）
    A. 客户信息屏幕弹出功能　　B. 个性化呼叫路由功能
    C. 拨号控制功能　　　　　　D. 预览功能
    E. 预拨功能

29. 以下哪些商品的展览适合在露天场地展出？（　　）
    A. 大型机械　　B. 珠宝
    C. 农副产品　　D. 花卉展览　　E. 化妆品

30. 以下哪些方面属于有效处理客户抱怨的技巧？（　　）
    A. 员工以平和的心态应对客户抱怨
    B. 员工应该抱有个别客户抱怨无关大碍的心态，以减轻心理负担

C. 用真诚的微笑化解顾客的激愤情绪

D. 运用非语言方式与顾客进行沟通

E. 以拖延的方式应对顾客抱怨

三、名词解释题（本大题共 3 小题，每小题 3 分，共 9 分）

31. 客户贡献度
32. 情商
33. 危机公关

四、简答题（本大题共 5 小题，每小题 5 分，共 25 分）

34. 简述应对沉默客户的服务技巧。
35. 针对客户的某一特定需求可以表现在哪些方面？
36. 简述挽留高价值客户的策略。
37. 简述三类营利性关系顾客。
38. 简述危机公关的对策。

五、案例分析题（本题 10 分）

39.   12306 客户服务中心设发泄墙缓解员工心理压力

接了旅客骂人的电话，憋了一肚子火怎么办？北京铁路局 12306 客服中心设置了一面"职工发泄墙"和"发泄拳击柱"，来缓解 12306 职工们心理压力。北京铁路局相关负责人介绍，12306 客服中心，主要接待旅客的问询等工作，春运期间一天 24 小时接听 3 万多个电话，每人接听 300~400 个电话。员工工作压力很大。

"有的乘客不理解，经常会有骂人等情况出现。"负责人表示，虽然该客户服务中心并不负责票务工作，但常常有旅客因买不到票或遇到问题对着电话就骂，12306 工作人员也只能听着，经常憋一肚子气，心理压力很大。为了缓解职工的这种压力，12306 的工作场所设置了一面发泄墙，职工们可在上边写下话语，发泄一下情绪。还有一个拳击发泄柱，如果职工们实在觉得憋屈，可拿起拳击手套，用拳击方式发泄心中的火气。

问题：（1）请谈谈应对压力的基本原则。

（2）请结合案例，从公司管理方面谈谈帮助员工减轻压力或预防压力的方法。

六、论述题（本大题共 2 小题，每小题 8 分，共 16 分）

40. 论述客户情绪管理必须注意的问题。
41. 试述 CRM 的主要实施步骤。

全真模拟演练（七）参考答案及解析

一、单项选择题（本大题共20小题，每小题1分，共20分）

1. A   2. B   3. D   4. D   5. C
6. B   7. C   8. B   9. C   10. D
11. A   12. C   13. D   14. C   15. B
16. C   17. D   18. C   19. B   20. C

二、多项选择题（本大题共10小题，每小题2分，共20分）

21. ABCD   22. ABCDE   23. BCE   24. CDE   25. ABCDE
26. ABCDE   27. BDE   28. ABCDE   29. ACD   30. ACDE

三、名词解释题（本大题共3小题，每小题3分，共9分）

31. 客户贡献度，是指客户对企业利润的贡献程度。（3分）

32. 情商，情商是指人对自己的情感、情绪的控制管理能力和在社会人际关系中的交往、调节能力。（3分）

33. 危机公关，社会组织调动各种可利用的资源，采取各种可行的方法，预防、限制和消除危机以及因危机而产生的消极影响，从而使潜在的或现存的危机得以解决，使危机造成的损失最小化的方法和行为。（3分）

四、简答题（本大题共5小题，每小题5分，共25分）

34. 对待沉默型客户，可以采取以下方法：
(1) 诱导法；（1分）
(2) 沉默对沉默；（1分）
(3) 捕捉对方的真实意图；（1分）
(4) 循循善诱，让对方打开心扉。（2分）

35. 针对客户的某一特定需求可以表现在以下三个方面：
(1) 客户表达的外在需求；（1分）
(2) 客户必需的实际需求；（2分）
(3) 需求背后的隐性需求。（2分）

36. (1) 提升整合服务能力；（1分）
(2) 采取"一对一"的销售模式，最大化地接近客户；（1分）
(3) 建立信息管理系统，围绕客户进行客户分析；（1分）
(4) 建立全方位沟通体系；（1分）
(5) 建立与推行客户关系维护计划，保持长久合作。（1分）

37. 全部的营利性关系顾客可以分为以下三类：

(1) 第一类，能给公司带来10%的销售量，能给公司带来最多赢利的顾客；（2分）

(2) 第二类，占公司销售额和销售利润40%～50%的顾客。这部分顾客能给公司带来可观利润，并有可能成为公司最大的利润来源；（2分）

(3) 第三类，虽然能带来利润，但却正在失去价值的顾客。（1分）

38. 危机公关的对策主要有：

(1) 成立处理危机事件的专门组织机构。（1分）处理危机事件最关键的是需要有专人负责，统一指挥。（2分）

(2) 对危机事件进行调查判断。（1分）

(3) 制定处理危机的具体对策。（1分）

五、案例分析题（本题10分）

39. （1）国际上比较流行的减压原则是"3R原则"，即放松（relaxation）、缩减（reduction）、重整（reorientation）。（2分）对客服人员来说，除了运用"3R原则"减压外，还可以从以下几个方面去把握：多从积极正面的角度考虑问题；时时把自己当人看；要有自己的社会支持系统；培养自己的放松技巧。（2分）

（2）帮助员工减轻或者预防压力的方法主要有以下几个方面：优化企业管理水平，减缓心理压力；（1分）改善工作环境，减轻工作条件恶劣给服务人员带来的压力感；（1分）加强员工心理素质的培养和训练，增强职工的心理承受能力；（1分）创设心理疏泄空间，使员工心理压力合理释放；（1分）引入心理引导机构，定期进行心理疏导；（1分）鼓励并帮助服务人员提高心理保健能力，学会自我调节。（1分）（其他答案若合理，亦可得分。）

六、论述题（本大题共2小题，每小题8分，共16分）

40. （1）客户情绪管理，是以"情绪"为启动点，提供最能让客户满意的商品与服务，需要的商品和服务必须能够满足客户的真正需要，否则客户信息服务人员再怎么有礼貌也不能转移其对产品和服务质量的关注。（2分）

（2）售后阶段客户的情绪反应中蕴含着大量的信息，而这些信息对企业的发展与生存是至关重要的。（2分）

（3）要注意卖方和买方的"共生"关系，生产面与需求面是互相刺激、互相提升的，是"互利"而非对立的。（1分）

（4）企业80%的利润来自20%的客户，每个客户对企业的贡献率是不同的，少量的客户为企业创造了大量的利润，因此，企业应当重视这一部分少量客户。（2分）

（5）应该在客户做出决定之前，帮助他做出正确的选择，从而达到他的真正目的，而不是一切听客户的。（1分）

41. CRM的主要实施步骤如下：

(1) 确立业务计划；（1分）

(2) 建立CRM团队；（1分）

(3) 分析客户需求、开展信息系统初建；（1分）

(4) 评估销售、服务过程，明确企业应用需求；(1分)
(5) 计划好实施步骤；(1分)
(6) 选择合适的方案，投入资源、开发部署；(1分)
(7) 组织用户培训；(1分)
(8) 使用、维护、评估和改进。(1分)

全真模拟演练（八）

（考试时间150分钟）

总分		题号	一	二	三	四	五	六
核分人		得分	20	20	9	25	10	16
复查人		得分						

一、单项选择题（本大题共20小题，每小题1分，共20分。在每小题列出的四个备选项中只有一个是符合题目要求的，请将其代码填写在题后的括号内。错选、多选或未选均无分。）

1. 由于社会生活条件的变化和进步，客户随之增长了的需要属于（　　）。
   A. 既定的需要　　　　　　　B. 增长的需要
   C. 特定客户需要　　　　　　D. 物质需要
2. 企业价值实现的前提和基础是（　　）。
   A. 客户价值　　B. 客户需求　　C. 成本结构　　D. 产品性能
3. 对客户而言，（　　）主要体现在语言、行为、服饰、服务态度、专业知识、服务技能等方面。
   A. 服务价值　　B. 人员价值　　C. 形象价值　　D. 产品价值
4. 衡量客户对企业的褒扬程度的指标是（　　）。
   A. 美誉度　　　B. 知名度　　　C. 回头率　　　D. 销售力
5. 以下属于客户满意的纵向层面的是（　　）。
   A. 理念满意　　B. 视觉满意　　C. 行为满意　　D. 物质满意
6. 核心资料卡的内容中，（　　）包括营销实绩、经营管理者和营销人员的素质、与其他竞争者的关系、与本企业的营销关系等。
   A. 基础资料　　B. 特征记录　　C. 业绩分析　　D. 交易现状
7. 最早开始发展客户关系管理（CRM）的国家是（　　）。
   A. 日本　　　　B. 德国　　　　C. 美国　　　　D. 英国
8. 从企业的优势、弱点、机遇、威胁四个方面所进行的分析叫作（　　）。
   A. 深度分析　　　　　　　　B. SWOT分析
   C. 横向分析　　　　　　　　D. 纵向分析
9. 如果企业在面对少量客户时，提供的产品或服务边际利润水平相当高，那么，它应当采用（　　）的客户关系，力争在实现客户成功的同时，自己也获得丰富的回报。

A. 被动型 B. 基本型 C. 负责型 D. 伙伴型

10. CRM 系统可以被分为分析型、协作型和（　　）三类。
   A. 综合型 B. 连接型 C. 操作型 D. 管理型

11. 运用数据分析来解决商业问题有六类模型：分类、回归、时间序列、分组、联合分析和序列发现。其中，能反映过去与未来的相关性的模型是（　　）。
   A. 联合分析 B. 分类 C. 分组 D. 时间序列

12. 运用数据分析来解决商业问题有 6 类模型：分类、回归、时间序列、分组、联合分析和序列发现。其中，"男人买尿布时会捎带买瓶啤酒"属于（　　）模型。
   A. 联合分析 B. 分类 C. 分组 D. 时间序列

13. （　　）是呼叫进入呼叫中心的门户。
   A. PBX 系统 B. IVR 系统
   C. CTI 系统 D. 交换机/排队机

14. （　　）是利用计算机语音合成技术，通过计算机播放语音完成与用户的信息交互，主要用于播放固定的提示信息和简单的查询结果。
   A. PBX 系统 B. IVR 系统
   C. CTI 系统 D. 交换机/排队机

15. 企业赞助学校建图书馆、实验楼，设置奖学金、助学金属于（　　）。
   A. 赞助文化生活 B. 赞助慈善福利事业
   C. 赞助学术理论研究事业 D. 赞助教育事业

16. 展览会的主要表现形式是（　　）。
   A. 只展不销 B. 边展边销，以展促销
   C. 以展为主，辅之以销 D. 先展后销

17. 由于客户出于某种原因无法维持原先的合约关系，而被迫与供应商终止业务关系所造成的流失客户是（　　）。
   A. 有意推走的客户 B. 无意推走的客户
   C. 被收买的客户 D. 无意离去的客户

18. 一般情况下，企业与（　　）恢复关系是不可能的，或者说，要付出较高代价才能与之恢复关系。
   A. 有意推走的客户 B. 无意推走的客户
   C. 被收买的客户 D. 被拉走的客户

19. 客户满意中最基础的层次是（　　）。
   A. 视觉满意 B. 物质满意层
   C. 精神满意层 D. 社会满意层

20. 一般客户的发展阶梯是（　　）。
   A. 新客户→潜在客户→满意的客户→留住的客户→老客户
   B. 潜在客户→新客户→满意的客户→留住的客户→老客户
   C. 老客户→新客户→满意的客户→留住的客户→潜在客户
   D. 满意的客户→新客户→潜在客户→留住的客户→老客户

二、多项选择题（本大题共 10 小题，每小题 2 分，共 20 分。在每小题列出的五个备选项中至少有两个是符合题目要求的，请将其代码填写在题后的括号内。错选、多选或未选均无分。）

21. 一般而言，满足客户需要的战略管理包括（　　）。
    A. 预测需要
    B. 锁定满足需要的范围
    C. 增加服务
    D. 扩大满足需要的范围
    E. 立足于满足不断增长的需要

22. 满足客户现实需求，需要做好的工作包括（　　）。
    A. 要着眼于客户的潜在需求经销产品
    B. 按照客户需要经营产品
    C. 要善于改变客户的消费观念，刺激客户的需求欲望
    D. 维护客户利益
    E. 适应客户需求的变化

23. 男性客户的心理表现主要包括（　　）。
    A. 果断　　　B. 怕麻烦　　　C. 注重成本
    D. 自尊心较强　　E. 追求货真价实

24. 社会满意层体现在产品的（　　）。
    A. 道德价值　　B. 政治价值　　C. 生态价值
    D. 社会安全价值　　E. 社会价值

25. 大客户部门的成员包括（　　）。
    A. 财务专家　　B. CS 专员　　C. CRM 专员
    D. 高级培训师　　E. 大客户开发经理

26. 客户关系管理的作用主要包括（　　）。
    A. 客户管理统一化
    B. 提高客户管理能力
    C. 实现企业目标
    D. 提高企业竞争力
    E. 提供协同互动的平台

27. 下列属于减轻压力技巧的有（　　）。
    A. 不断提高自我能力
    B. 制订切实可行的计划
    C. 合理高效地利用时间
    D. 成为一位现实主义者
    E. 提高自身素质

28. 全球呼叫中心产业发展规模排在前三位的地区是（　　）。
    A. 美国　　B. 欧洲　　C. 日本　　D. 中国
    E. 香港

29. 公关危机的特点主要有（　　）。
    A. 突发性
    B. 机遇性
    C. 严重危害性
    D. 不规则性
    E. 舆论关注性

30. 客户投诉的管理策略主要包括（　　）。

A. 建立健全各种规章制度　　　　B. 确定受理投诉的标准
　　C. 一旦出现客户投诉，应及时处理　D. 处理问题时应分清责任
　　E. 建立投诉处理系统

三、名词解释题（本大题共3小题，每小题3分，共9分）

31. 客户保留度
32. 企业视觉满意
33. 客户关系管理

四、简答题（本大题共5小题，每小题5分，共25分）

34. 简述留住客户的技巧。
35. 简述客户服务在全面质量管理中的应用。
36. 简述使用客户关系管理系统（CRM）的好处。
37. 简述如何掌握有效的交往手段以避免压力的产生。
38. 简述庆典活动的注意事项。

五、案例分析题（本题10分）

39.　　　　　　　　　　维京航空的服务补救

　　一位准备乘坐维京航空公司头等舱的乘客，正在家中等待航空公司派车接他上机场，这时，他突然接到维京航空公司的电话说："先生，十分抱歉，您要坐的飞往波士顿的航班要推迟两个小时起飞，请问您愿意在家等还是要我们马上来接？"

　　这位乘客不太高兴地表示愿意在家等，维京航空公司的代表继续说："我们从订票处了解到你是到波士顿转飞芝加哥的，我们和波士顿联系过了，肯定不会让您误了飞往芝加哥的班机，我们会专门处理您的行李，您到波士顿后第一个下飞机，我们会有专人帮您通过贵宾入口，送您登上飞往芝加哥的飞机。"听完这番话，这位乘客便为维京航空公司的各种补救服务措施而感到高兴。该代表还继续说："先生，请问您在波士顿停留时，曾经打算见见您的同事或与他们有电话联系吗？如果有，能否让我们给他们打电话说明一下，是由于航空公司方面的原因使您无法跟他们联络。"听到这儿，这位起初满腹怨气的乘客已是满心欢喜了。

　　问题：（1）维京航空公司的补救措施为什么有效？
　　　　　（2）分析企业应该如何制定抱怨处理的应对措施？

六、论述题（本大题共2小题，每小题8分，共16分）

40. 试述企业在个性化服务中取胜的谋略。
41. 试述服务补救的含义以及服务补救的策略。

全真模拟演练（八）参考答案及解析

一、单项选择题（本大题共20小题，每小题1分，共20分）

1. B 2. A 3. B 4. A 5. D
6. C 7. C 8. B 9. D 10. C
11. D 12. A 13. D 14. B 15. D
16. B 17. D 18. C 19. B 20. B

二、多项选择题（本大题共10小题，每小题2分，共20分）

21. BDE   22. BD   23. ABDE 24. ABC   25. ABCDE
26. ABCDE 27. ABCDE 28. ABC   29. ACDE 30. ABCDE

三、名词解释题（本大题共3小题，每小题3分，共9分）

31. 客户保留度，是指客户在与企业发生初次交易之后继续购买该企业产品和服务的程度。（3分）

32. 企业视觉满意，是指客户对直观可见的外在形象的满意，是顾客认识企业的快速、简单的途径，也是企业强化公众印象的集中化、模式化的手段。（3分）

33. 客户关系管理，是指企业为提高核心竞争力，达到竞争制胜、快速成长的目的，开展判断、选择、争取、发展和保持客户需要的全部商业过程。（3分）

四、简答题（本大题共5小题，每小题5分，共25分）

34. 留住客户的常用技巧有：
（1）检查顾客的满意度；（1分）
（2）向客户表示感谢；（1分）
（3）与客户建立联系；（1分）
（4）与客户保持联系，建立客户档案资料，并及时整理更新。（2分）

35. 客户服务在改善企业质量方面扮演着重要的角色，其作用体现在：
（1）质量过失弥补。质量过失弥补是指客户服务中心通过人性化及科学化的手段，为企业在经营环境中发生的达不到客户要求的各种过失问题提供弥补服务，以满足客户需求。（2分）
（2）商业机会挖掘与创造。商业机会挖掘与创造是指客户服务中心通过对客户需求的采集、分析和管理，与客户建立信赖关系，为客户提供个性化的企业信息和关怀服务，实现客户开发和在线交易的目的。（3分）

36. （1）CRM能够整合客户、企业、员工资源，优化业务流程；（2分）
（2）CRM可以提高企业、员工对客户的响应、反馈速度和应变能力；（1分）
（3）CRM能够提高企业销售收入；（1分）

(4) CRM 能够改善企业服务、提高客户满意度。(1分)

37. (1) 文明守礼,礼貌待人;(1分)

(2) 适当反馈信息;(1分)

(3) 说话果断自信,吐字清晰、镇定自若;(1分)

(4) 使用"我"词汇,这意味着客服人员肯负责任,乐于与人合作共同解决问题;(1分)

(5) 善于表达自己。(1分)

38. (1) 确定庆典活动的主题;(1分)

(2) 按照宾客名单写出请柬;(2分)

(3) 确定主持人与致辞人员;(1分)

(4) 拟定程序和接待事宜。(1分)

五、案例分析题(本题10分)

39. (1) 因为维京航空公司能够对因为自身原因给顾客带来的影响高度重视并积极采取补救措施,抓住补救机会,设身处地地为顾客解决问题,获得了顾客的谅解。(5分)

(2) 重视顾客的抱怨;(1分)分析顾客抱怨的原因;(1分)正确及时解决问题;(1分)记录顾客抱怨与解决的情况;(1分)最终调查顾客对抱怨处理的反映。(1分)

六、论述题(本大题共2小题,每小题8分,共16分)

40. (1) 与顾客结盟(1分)。这样能得到顾客的指导,尤其是专家型的顾客扮演着前导指示的角色,告诉市场的走向,提供各种点子。(1分)

(2) 实施供应链管理(1分)。供应链管理是建立在一个合作信念之上的,它能够通过分享信息和共同计划使整体物流效率得到提高。(1分)

(3) 以"网"取胜(2分)。网络的出现,是个性化服务的基础。在个性化服务与大批量生产并存的阶段,企业能否缩短向顾客提供产品和服务的时间是企业能否取得全面竞争优势的关键。(1分)此外,网上联系也是企业得到顾客需求信息不可或缺的渠道。(1分)

41. 服务补救是指服务性企业在对客户提供服务出现失败和错误的情况下,对客户的不满和抱怨当即做出的补救性反应,其目的是通过这种反应,重新建立客户满意和忠诚。(3分)

实施服务补救的具体策略包括:

(1) 跟踪并预期补救良机;(1分)

(2) 重视客户问题;(1分)

(3) 尽快解决问题;(1分)

(4) 授予一线员工解决问题的权力;(1分)

(5) 从补救中汲取经验教训。(1分)